DIREITO
PENAL
PARTE GERAL

Janaina Conceição Paschoal

DIREITO PENAL
PARTE GERAL

2ª
edição

Manole

© Editora Manole Ltda., 2015, por meio de contrato com a autora.

EDITOR-GESTOR   Walter Luiz Coutinho
EDITORA RESPONSÁVEL   Sônia Midori Fujiyoshi
PRODUÇÃO EDITORIAL   Luiza Bonfim, Rodrigo Botelho
EDITORA DE ARTE   Deborah Sayuri Takaishi
CAPA   Aurélio Camilo
IMAGEM DA CAPA   Thinkstock/Warm Colored Composition
PROJETO GRÁFICO   Departamento Editorial da Editora Manole
EDITORAÇÃO ELETRÔNICO   LCT Tecnologia e Serviços Ltda.

Este livro contempla as regras do Acordo Ortográfico da Língua Portuguesa de 1990, que entrou em vigor no Brasil em 2009.

Dados Internacionais de Catalogação na Publicação (CIP)
(Câmara Brasileira do Livro, SP, Brasil)

Paschoal, Janaina Conceição
Direito penal: Parte Geral / Janaina Conceição
Paschoal. – 2. ed. – Barueri, SP: Manole, 2015.

Bibliografia.
ISBN 978-85-204-4107-7

1. Direito penal 2. Direito penal – Brasil
I. Título.

14-12438   CDU–343

Índices para catálogo sistemático:
1. Direito penal 343

Todos os direitos reservados.
Nenhuma parte deste livro poderá ser reproduzida, por qualquer processo, sem a permissão expressa dos editores. É proibida a reprodução por fotocópia.

A Editora Manole é filiada à ABDR – Associação Brasileira de Direitos Reprográficos.

1ª edição – 2003; 2ª edição – 2015

Editora Manole Ltda.
Av. Ceci, 672 – Tamboré
06460-120 – Barueri – SP – Brasil
Tel. (11) 4196-6000 – Fax (11) 4196-6021
www.manole.com.br
juridico@manole.com.br

Impresso no Brasil
Printed in Brazil

Sobre a autora

JANAINA CONCEIÇÃO PASCHOAL

Advogada. Doutora e livre-docente em Direito Penal pela Faculdade de Direito da Universidade de São Paulo (USP). Professora-associada na mesma instituição.

*Dedico este livro aos meus pais, Ricardo e Regina,
à minha avó Anita e aos meus padrinhos.
A eles, de uma forma ou outra, eu devo a minha existência.*

Sumário

Nota da autora à segunda edição..IX
Nota da autora da primeira edição XIII

Parte I – Do direito penal e suas bases 1

1. A função do direito penal – proteção de bens jurídicos.......................2
2. Considerações referentes ao bem jurídico penal................................5
3. Direito penal e Constituição Federal 8
4. Princípios informadores do direito penal mínimo............................11
5. Princípio da legalidade 14
6. Princípio da aplicação da lei penal mais benéfica............................18
7. A lei penal no tempo e no espaço 23

Parte II – Do crime..27

8. Ação..28
9. Tipicidade..32
10. Antijuridicidade..34
11. Culpabilidade...39
12. Imputabilidade...42
13. Relação de causalidade..51
14. Crime consumado, crime tentado e crime impossível....................57
15. Desistência voluntária, arrependimento eficaz e arrependimento posterior..59

16. Crime doloso e crime culposo...........61
17. Erro de tipo, erro de proibição e descriminantes putativas 66
18. Concurso de pessoas 73

Parte III – Da sanção...........87

19. A função da pena 88
20. Princípios constitucionais relativos à pena.........95
21. Penas privativas de liberdade.........103
22. Penas restritivas de direitos 109
23. Pena de multa.........119
24. Aplicação da pena.........122
25. Concurso de crimes.........129
26. Erro na execução e resultado diverso do pretendido.........134
27. Suspensão condicional da pena 136
28. Livramento condicional.........140
29. Efeitos da condenação 144
30. Reabilitação.........148
31. Medida de segurança.........150
32. Ação penal 157
33. Extinção da punibilidade.........162
34. Prescrição.........168

Parte IV – Breves considerações sobre temas candentes...........175

35. Direito administrativo sancionador 176
36. Notas sobre a famigerada sociedade do risco 182
37. Projeto de novo Código Penal 185
38. Responsabilidade penal da pessoa jurídica 188
39. Algumas notas sobre a tão sonhada segurança pública.........192
40. Não te corromperás 196

    Referências bibliográficas.........200
    Índice alfabético-remissivo.........205

Nota da autora à segunda edição

Passados onze anos da primeira edição desta obra, apresenta-se esta segunda edição, revista e atualizada.

Procurei manter a linguagem clara e direta, visando propiciar ao aluno iniciante o contato com os princípios que norteiam o direito penal.

Este livro se baseia no Código Penal vigente, mas não se restringe à interpretação da norma. Nele, apresento a visão que tenho do direito penal, que deve ser aplicado nas situações em que restam lesionados os bens jurídicos mais caros à sociedade.

Nesses onze anos, a Parte Geral do Código Penal, que data de 1984, sofreu alterações pontuais, as quais foram contempladas nesta nova versão.

Mais recentemente, foi apresentado projeto que visa a alterar por completo a legislação penal nacional, compilando, em um único Código, todos os crimes do ordenamento.

Desde o princípio, posicionei-me de maneira bastante crítica à proposta de novo Código Penal, primeiro, por entender que o projeto em si é pior do que a legislação em vigor e, em segundo lugar, por crer que estamos muito mais carentes de políticas públicas e de melhor aplicação das normas já existentes do que de novas leis.

Aliás, a suposta falta de lei costuma servir de desculpa para homens públicos que não querem (ou não sabem como) bem desempenhar o seu papel.

As ponderações sobre o Projeto de novo Código Penal constam da Parte IV, que é novidade relativamente à versão anterior.

Nessa nova Parte, também se encontram comentários ao chamado direito administrativo sancionador, à ideia de sociedade do risco e ao papel do profissional do Direito na atualidade.

Nesses onze anos, muitas mudanças ocorreram em minha vida acadêmica. Ingressei no corpo docente da Faculdade de Direito da Universidade de São Paulo, onde leciono Direito Penal; defendi e publiquei minha tese de livre-docência, referente aos crimes omissivos; publiquei vários artigos sobre diversos temas da Parte Geral e da Parte Especial do Código Penal; e, atualmente, dedico-me ao estudo da interface existente entre o direito penal, as religiões e a bioética, bem como a vários aspectos afetos à segurança pública, que julgo ser o maior desafio para o nosso país.

Apesar de todo o caminho trilhado, continuo acreditando que a simplicidade é requisito básico para a comunicação.

Este livro constitui apenas um primeiro passo!

Você, estudante iniciante, que deseja continuar nos difíceis meandros do direito penal, depois de ler, na íntegra, este meu trabalho, não pode deixar de ler alguns livros que julgo imprescindíveis. São eles: *Dos delitos e das penas*, de Cesare Beccaria; *Sobre a liberdade*, de Stuart Mill; e *Manicômios, prisões e conventos*, de Erving Goffman.

Por óbvio, existem muitas outras obras importantes, mas essas três, acredito, fazem o estudioso do direito penal perceber que, muito embora a pena privativa de liberdade seja resposta cabível ao crime, pelos malefícios que encerra, deve ser relegada às situações realmente reprováveis.

Gostaria de poder te acompanhar de perto, recomendar outras leituras, conforme você vai amadurecendo, caro leitor. Mas como esse contato nem sempre será possível, deixo aqui um conselho.

Quando quiser estudar direito penal em profundidade, vá aos autores que se dedicaram à Teoria Geral do Estado. Eles vão te auxiliar a encontrar os parâmetros para a utilização da arma mais pesada do Leviatã. Aliás, não é má ideia começar por Thomas Hobbes.

Nesses anos todos de dedicação ao direito penal, fui acusada de liberal por uns e de "linha-dura" por outros. Não sei qual será a sua opinião. Neste livro, faço referência a alguns de meus outros escritos. Não sei em qual rótulo me encaixar, se é que isso é possível.

De todo modo, não me considero excessivamente liberal e também não me considero partidária de um punitivismo exacerbado. Procuro ser justa, o que nem sempre é fácil e nem sempre é bem-visto.

Reconheço que o direito penal é um mal, mas, em alguns casos, é um mal necessário. E procuro mostrar que, apesar de não podermos prescindir dele, é possível fazê-lo, a um só tempo, mais efetivo e menos desumano.

Janaina Conceição Paschoal, 2014.

Nota da autora da primeira edição

Neste livro de noções básicas da Parte Geral do direito penal, objetivei auxiliar os estudantes que iniciam o contato com a matéria a compreender os seus princípios e fundamentos.

Justamente por ter elaborado a obra pensando no público estudantil, procurei adotar uma linguagem acessível e direta, bem como abordar os temas referentes à Parte Geral do direito penal de maneira prática e ilustrativa.

Mesmo tratando-se de obra de noções básicas do direito penal, fiz questão de falar, ainda que de modo não aprofundado, dos princípios que informam o direito penal e devem nortear a sua aplicação, partindo do pressuposto de que o direito penal, para ser eficaz e, na medida do possível, democrático, deve se limitar ao mínimo necessário.

Além de fundar o livro nos princípios norteadores do direito penal (legalidade, subsidiariedade, lesividade, subjetividade, humanidade da pena etc.), procurei mostrar que o estudo do direito penal está intrinsecamente ligado à evolução social e, consequentemente, à Constituição Federal, que, mais que o próprio Código, constitui a grande fonte de estudo do direito penal em qualquer Estado que se pretenda democrático de direito.

Durante a elaboração da obra, pensei nas perguntas que frequentemente são formuladas pelos alunos nas aulas, tendo me valido dos ensinamentos de juristas brasileiros de qualidade inquestionável, como são, entre outros, os professores Antonio Luís Chaves Camargo, Luiz Regis Prado, Nilo Batista, René Ariel Dotti, Vicente Greco Filho e Juarez Tavares, autor da obra *Teoria do injusto penal*, verdadeira Bíblia do direito penal atual. A leitura do livro revela, ainda, a influência maciça das ideias do Professor Miguel Reale Júnior, a quem eu tive a honra de ter como orientador, durante doutoramento feito, em Direito Penal, na Universidade de São Paulo.

A análise de cada capítulo deste trabalho evidencia que o contato com o Professor Miguel Reale Júnior tornou-me uma adepta, talvez irreversível, do estudo e da aplicação do direito penal sob uma perspectiva social.

Escrevi este livro acreditando que também os estudantes da graduação, mesmo aqueles que precisam trabalhar o dia todo e frequentar a universidade no período noturno, devem, e têm, na verdade, o direito de estudar o direito penal em consonância com a Constituição Federal e com os princípios democráticos, não sendo justo limitar o seu aprendizado à interpretação do Código Penal.

Finalizo esta breve apresentação agradecendo aos professores anteriormente mencionados, especialmente ao professor Miguel Reale Júnior, por seus ensinamentos, e à minha irmã e advogada, Nohara Paschoal, pela revisão da obra.

Janaina Conceição Paschoal

PARTE I

DO DIREITO PENAL E SUAS BASES

1. A função do direito penal – proteção de bens jurídicos
2. Considerações referentes ao bem jurídico penal
3. Direito penal e Constituição Federal
4. Princípios informadores do direito penal mínimo
5. Princípio da legalidade
6. Princípio da aplicação da lei penal mais benéfica
7. A lei penal no tempo e no espaço

1 A função do direito penal – proteção de bens jurídicos

A legitimidade do Estado para punir os indivíduos sempre intrigou o ser humano. Prova disso é o fato de diversos filósofos e pensadores haverem dedicado esforços à análise do que justificaria a punição, seja para criticar sua existência, seja para referendá-la.

Ainda hoje, existem várias teorias que visam a explicar as razões pelas quais o Estado não só pode como deve punir os indivíduos que infringem as normas penais. Cabe ressaltar que, muitas vezes, na tentativa de legitimar esse poder punitivo, tomam-se as finalidades da pena de maneira inadequada como sendo os fins do próprio direito penal.

Com efeito, não são incomuns as afirmações no sentido de que o direito penal tem por fim retribuir com um mal (que seria a pena) o mal praticado pelo criminoso; é igualmente corriqueiro ouvir que o direito penal tem por escopo evitar (prevenir) a prática de delitos ou recuperar aqueles que os praticam.

Ocorre que, como será apontado na terceira parte deste livro, a retribuição e a prevenção (geral e especial) estão, na verdade, entre as finalidades da pena, e não do direito penal como um todo.

Em um Estado Democrático de Direito, fundado na dignidade humana e no respeito aos direitos fundamentais albergados pela Constituição Federal, é missão do direito penal, única e exclusivamente, proteger bens jurídicos que sejam valiosos para a preservação de uma sociedade.

O direito penal não existe para o fim vazio de retribuir um mal praticado ou para prevenir a prática de alguma infração normativa. O direito penal tem por finalidade proteger bens jurídicos relevantes para o convívio em sociedade, e pode-se recorrer a ele apenas quando esses bens são lesados ou postos em perigo concreto de lesão. Vida, liberdade individual, liberdade sexual, integridade física e patrimônio público são exemplos de bens jurídicos relevantes e, portanto, dignos de tutela penal.

No período mais recente, algumas teorias, batizadas de maneira genérica de funcionalistas, passaram a questionar esse fim do direito penal.

Principalmente o funcionalismo radical, cujo maior representante é Günther Jakobs, postula que o direito penal tem por fim nada mais que a proteção de normas, as quais, por sua vez, não precisariam ter sido postas para proteger algum bem jurídico.[1]

O direito penal, para essa teoria, existiria somente para revalidar as normas desrespeitadas, mostrando aos cidadãos cumpridores das leis que vale a pena segui-las, independentemente de seu conteúdo.

Ainda que, na prática, seja comum encontrar normas penais despidas de conteúdo e investigações policiais e ações penais totalmente descabidas quando avaliadas à luz da finalidade de proteger bens jurídicos, o certo é que admitir o funcionalismo, ou seja, admitir a existência de normas penais que não objetivam proteger nenhum bem jurídico penal, significa abrir as portas para o autoritarismo estatal.

De fato, exigir um conteúdo (um fim) do direito penal é, em última instância, uma forma de limitar o recurso a esse instrumento estatal, que, por ferir a liberdade individual, se mostra o mais gravoso de todos.

Atribuir ao direito penal a missão exclusiva de proteger bens jurídicos tidos como caros pela sociedade implica, mais que justificar ou legitimar a existência desse ramo do direito, limitar o seu âmbito de aplicação e incidência.[2]

---

[1] Para os estudantes que objetivam se aprofundar na matéria, aconselhamos a leitura de JAKOBS, Günther. *Sociedad, norma y persona en una teoría de un derecho penal funcional*; e BORJA JIMENEZ, Emiliano. "Funcionalismo y acción. Tres ejemplos en las contribuciones de Jakobs, Roxin y Gimbernat".

[2] Para aprofundar o estudo do bem jurídico, aconselha-se a leitura de POLAINO NAVARRETE, Miguel. *El bien jurídico en el derecho penal*; e HORMAZÁBAL MALARÉE, Hernan. *Bien jurídico y Estado Social e Democrático de Derecho*.

A conclusão de que a função dos bens jurídicos é limitar o âmbito de incidência do direito penal foi alcançada, primeiramente, quando defendemos a tese de doutoramento *Constituição, criminalização e direito penal mínimo*, em 2002.

Na primeira edição desta obra, também se sustentou que o bem jurídico constitui limite ao direito penal e, em sede de tese de livre-docência, convolada no livro *Ingerência indevida: os crimes comissivos por omissão e o controle pela punição do não fazer*, tal pilar, que ora se reitera, foi reforçado.

É bem verdade que não é fácil definir quais são os bens jurídicos dignos de tutela penal. No entanto, ter em mente a necessidade de encontrá-los, concretizá-los já implica um modo de refrear o ímpeto criminalizador do legislador, e, uma vez editada a norma, o bem jurídico se transforma em um parâmetro para a interpretação por parte do julgador.

2
Considerações referentes ao bem jurídico penal

Definida a finalidade do direito penal como a proteção de bens jurídicos, torna-se necessário analisar, ainda que de maneira não aprofundada, as principais teorias referentes à matéria.

Mais que definir o fim do direito penal, os filósofos e estudiosos do assunto vêm tentando delimitar o conteúdo de bem jurídico penal, assim como a fonte desses bens jurídicos.

Quem primeiramente abordou a matéria foi Paul Johann Anselm Feuerbach. De acordo com o autor, o direito penal poderia ser utilizado apenas para tutelar direitos subjetivos ou interesses referentes a sujeitos específicos, refletindo bem o intento iluminista de proteger o indivíduo do Estado.[1] Percebe-se daí que, a princípio, a ideia de bem jurídico penal se confundia com a de direito subjetivo.

A Feuerbach opôs-se Johan Michael Franz Birnbaum, responsável por uma primeira materialização do conceito de bem jurídico. Para este último, o fim do direito penal não poderia ser a proteção de direitos subjetivos, já que estes sempre permanecem incólumes; lesionados são os objetos (bens) sobre os quais os direitos subjetivos recaem.[2]

---

1 Feuerbach estudou o direito de resistência dos indivíduos perante o soberano, tendo aprofundado a análise da questão na obra *Anti-Hobbes*: ovverro il limite del potere supremo e il diritto coattivo dei cittadini contro il sovrano, p. 12. O autor também abordou a matéria na obra *Tratado de derecho penal*: común vigente en Alemania.

2 Para ilustrar essa tese, Romagnosi aponta que um furto é capaz de privar alguém de alguma coisa, jamais de lesar o seu direito de propriedade sobre essa mesma coisa, pois aquele que furta está obrigado a restituir, e a vítima tem direito a recuperar (ROMAGNOSI, Giandomenico. *Génesis del derecho penal*, p. 59).

Karl Binding confere um elemento jurídico ao conceito de bem proposto por Birnbaum, na medida em que aduz que serão objeto de proteção do direito penal todos os bens que o legislador entender como condição de vida da comunidade. Para ele, o importante não era o valor efetivo do bem protegido, mas sim a escolha, ainda que aleatória, feita pelo legislador.[3] Por mais criticável que possa ser o posicionamento eminentemente formal de Binding, ele contribuiu para a evolução do conceito de bem jurídico penal e do próprio direito penal ao introduzir a ideia de fragmentariedade.

Seguindo um verdadeiro movimento pendular, Franz von Liszt contraria Binding, aduzindo que o legislador não cria os bens jurídicos penais, apenas os identifica no cenário social, protegendo-os mediante a norma incriminadora. Segundo Liszt, seria "a vida, e não o direito, que produz o interesse", sendo que somente "a proteção jurídica converte o interesse em bem jurídico". Ele chega a complementar seu raciocínio afirmando, claramente, que o bem jurídico não é um bem do direito, como pensava Binding, mas um bem do homem que o direito reconhece e protege.[4]

Esse conteúdo material do bem jurídico, que deve ser buscado na sociedade e reconhecido pelo legislador, constitui a base de todo direito penal que se pretenda democrático.

No Brasil, a discussão relativa ao bem jurídico não foi menos rica, podendo-se encontrar contribuições preciosas nas obras de Luiz Regis Prado,[5] Heleno Cláudio Fragoso,[6] Francisco de Assis Toledo,[7] Juarez Tavarez,[8] Miguel Reale Júnior[9] e Miguel Reale,[10] todos partidários de uma concepção material (social) do bem jurídico penal.

---

3 Binding poderia ser considerado o precursor das teorias funcionalistas, que também prescindem de um conteúdo material do objeto de proteção do direito penal, ou seja, dos bens jurídicos.
4 LISZT, Franz von. *Tratado de direito penal alemão*. Tomo I, p. 94.
5 PRADO, Luiz Regis. *Bem jurídico-penal e Constituição*.
6 FRAGOSO, Heleno Cláudio. "Objeto do crime".
7 TOLEDO, Francisco de Assis. *Princípios básicos de direito penal*.
8 TAVAREZ, Juarez. *Teoria do injusto penal*.
9 REALE JR., Miguel. *Teoria do delito*.
10 REALE, Miguel "Preliminares ao estudo da estrutura do delito". *In: Revista da Faculdade de Direito*, São Paulo, Universidade de São Paulo, v. LXIII, 1968, p. 152-68.

A obra de Miguel Reale Júnior, em certa medida, trouxe para o âmbito penal a teoria tridimensional do direito, tão bem elaborada por seu pai, Miguel Reale. Este, por sua vez, bebeu dos ensinamentos de Tobias Barreto de Menezes, um dos maiores pensadores nascidos no Brasil.[11]

---

11 Para ter um panorama da vasta obra de Tobias Barreto, ver PASCHOAL, Janaina Conceição. "Desagravo a Tobias Barreto". *Revista Brasileira de Filosofia*, ano 60, v. 237, jul.-dez. 2011. p. 73-101.

3
Direito penal e Constituição Federal

Visando a conferir ao direito penal um ponto de vista crescentemente democrático, os estudiosos da matéria passaram a relacioná-lo à Constituição Federal, melhor dizendo, passaram a condicionar a proteção penal de determinado bem ao seu reconhecimento constitucional.

Sabendo-se que o direito penal, em última instância, fere o bem jurídico da liberdade, que tem dignidade constitucional, os partidários das teorias constitucionalistas do bem jurídico penal passaram a defender a ideia de que somente poderiam ser objeto de tutela penal os bens tidos como valiosos pela Constituição Federal.

Além dessa proporcionalidade entre o bem lesado e a liberdade atingida pelo direito penal, também o caráter social da Constituição justifica as teorias constitucionalistas do bem jurídico penal.

Com efeito, como a Constituição reflete os valores mais caros que informam uma sociedade, nada mais lógico que concluir que a Constituição é a fonte dos bens passíveis de ser penalmente tutelados.

Como tudo o que é inerente a essa matéria, as teorias constitucionalistas do direito penal não são uníssonas.

Alguns autores veem a Constituição como um limite negativo ao direito penal, o que significa dizer que será admitida toda criminalização que não implique desrespeito ao conteúdo constitucional.[1]

---

1 Podem ser citados como partidários dessa teoria: MANTOVANI, Ferrando. "Il principio di offensività nello schema di delega legislativa per un nuovo codice penale", p. 94; *idem,* "Il principio di offensività

Tomando-se por base a legislação nacional, tem-se que, sob a perspectiva dessa teoria, o legislador ordinário não poderia, por exemplo, incriminar o casamento de pessoas de raças distintas; no entanto, estaria livre para criminalizar condutas atentatórias a bens de importância não reconhecida pela Constituição Federal.

Outros doutrinadores, objetivando impingir uma limitação maior ao legislador penal, tomam a Constituição como limite positivo ao direito penal. Para eles, apenas os bens efetivamente reconhecidos pelo constituinte como caros à sociedade podem ser protegidos por meio da tutela penal.[2] Além desses, há aqueles que estreitam ainda mais a incidência da norma penal, na medida em que não se contentam com a dignidade constitucional do bem, condicionando a proteção penal à natureza de direito fundamental do bem a ser tutelado.[3]

---

del reato nella costituzione", p. 445-73; NUVOLONE, Pietro. "La problematica penale della costituzione", p. 487-500; *idem, Norme penali e principi costituzionali*; GALLO, Marcello. "Le dottrine generali del reato", p. 17-28; GIRALDI, Carmem. "Sulla pretesa tutela del sentimento religioso individuale: in margine alla declaratoria di parziale incostituzionalità dell'art. 404 C.P.". In: *L'Indice Penale* (Nuova Serie). Verona, (s.n.), ano I, n. 3, set.-dez./1998, p. 783-814; PAGLIARO, Antonio. *Principi di diritto penale*: Parte Generale; DÍEZ RIPOLLÉS, José Luiz. "La contextualización del bien jurídico protegido en un derecho penal garantista". In: *Ciencias Penales Revista de la Asociación de Ciencias Penales de Costa Rica*, San José, Colégio de Abogados de Costa Rica/Unicef, ano 10, n. 15, dic. 1998, p. 15-27; DOLCINI, Emilio; MARINUCCI, Giorgio. "Constituição e escolha dos bens jurídicos". In: *Revista Portuguesa de Ciência Criminal*, Coimbra, Aequitas/Editorial Notícias, ano. 4, fasc. 2, abr.-jun./1994, p. 151-98; idem, *Corso di diritto penale 1*: nozione, struttura e sistematica del reato; além de, no cenário nacional, BATISTA, Nilo. *Introdução crítica ao direito penal brasileiro*.

2   Os autores que se contentam com a dignidade constitucional do bem a ser penalmente tutelado, ou seja, os que não exigem que tais bens correspondam a direitos fundamentais, podem ser classificados como partidários da teoria do espelho ou da recíproca cobertura. São representantes dessa corrente. ANGIONI, Francesco. *Contenuto e funzioni del conceto di bene giuridico*. Milão, Giuffrè, 1983; BRICOLA, Franco. "Teoria generale del reato", t. XIX, 1957, p. 7-93; FIORELLA, Antonio. "Reato", p. 770-816; MEDINA GUERRERO, Manuel. *La vinculación negativa del legislador a los derechos fundamentales*; CARBONELL MATEU, Juan Carlos. *Derecho penal*: concepto y principios constitucionales; CUNHA, Maria da Conceição Ferreira da. *Constituição e crime*: uma perspectiva da criminalização e da descriminalização; CUNHA, Paulo Ferreira da. *A constituição do crime*: da substancial constitucionalidade do direito penal.

3   É o caso de GÓMEZ DE LA TORRE, Ignacio; ARROYO ZAPATERO, Luis. *Manual de derecho penal*: Parte General I: instrumentos y principios básicos del derecho penal; BARBOSA CASTILLO, Gerardo; GÓMEZ PAVAJEAU, Carlos Arturo. *Bien jurídico y derechos fundamentales*: sobre un concepto de bien jurídico para Colombia; DIAS, Jorge de Figueiredo. *Questões fundamentais do direito penal revisitadas*; LOPES, Mauricio Antônio Ribeiro. *Critérios constitucionais de determinação dos bens jurídicos penalmente relevantes*.

Esse posicionamento, até por constituir maior limitação, é o mais condizente com o Estado Democrático de Direito, que, como será mostrado a seguir, admite a incidência do direito penal apenas nos casos de maior gravidade.

Nessa oportunidade, reitera-se, portanto, o entendimento de que os bens tutelados pelo direito penal devem ter natureza de direito fundamental, aduzindo ainda que, mesmo nos casos em que há tal dignidade, o legislador estará livre para verificar a necessidade concreta da criminalização, ainda que a Constituição o tenha determinado expressamente.[4]

Além de seu caráter democrático, as teorias constitucionalistas do bem jurídico penal têm grande importância por fortalecer a cultura de estudar e aplicar o direito penal em consonância com a Constituição, o que, indubitavelmente, preserva a dignidade humana.

A Constituição Federal é um documento complexo, pois se revela, ao mesmo tempo, um texto histórico, jurídico e político. Relacionar o direito penal a referido documento auxilia na manutenção de sua concretude e afinco aos valores eleitos pela sociedade.

---

4 Ver mais detalhes em PASCHOAL, Janaina. *Constituição, criminalização e direito penal mínimo*.

4
Princípios informadores do direito penal mínimo

Como já fora apontado, o direito penal em um Estado Democrático de Direito deve ser o último recurso de que o Estado pode lançar mão para proteger bens jurídicos, ou seja, o Estado deve intervir o mínimo possível por meio do direito penal. É por isso que se diz direito penal mínimo (mínimo necessário) e princípio da mínima intervenção.

No entanto, falar em direito penal mínimo e em intervenção mínima parece fácil e muito razoável. O difícil é determinar como o Estado poderá atender a esse requisito de todo e qualquer Estado Democrático de Direito.

O direito penal mínimo é informado por alguns princípios basilares cuja observância auxilia a não exorbitar do recurso ao direito penal.

O primeiro deles é o *princípio da subsidiariedade*, segundo o qual, antes de recorrer à tutela penal, o Estado deverá lançar mão de todos os outros meios de controle disponíveis para proteger um bem caro à sociedade.

Percebe-se daí que, para proteger penalmente um bem, não basta que se trate de bem relevante a dada sociedade, faz-se necessário verificar em que medida os outros ramos do direito (civil, administrativo, fiscal etc.) ou mesmo outros instrumentos (negociação, mediação etc.) não seriam suficientemente eficazes para proteger o bem em análise. É em razão do dever de tentar utilizar primeiramente todas as outras armas estatais que se pode falar em subsidiariedade.[1]

---

1 Acerca desse princípio, aconselhamos a leitura de QUEIROZ, Paulo de Souza. *Do caráter subsidiário do direito penal*.

Ainda no intuito de garantir a mínima intervenção, tem-se que, além de observar o princípio da subsidiariedade, o legislador precisará respeitar o princípio da fragmentariedade, que determina que, mesmo sendo um bem merecedor de proteção mediante o direito penal, nem todas as lesões a esse bem poderão ensejar a incidência desse ramo do Direito.

Por exemplo, não se questiona o fato de a vida ser um bem extremamente precioso para todas as sociedades, estando plenamente justificada a utilização do direito penal em sua proteção. Não obstante, a tentativa de suicídio não enseja a intervenção do direito penal. Do mesmo modo, quando a gravidez é decorrente de estupro ou quando põe em risco a vida da mulher, o ordenamento jurídico admite o aborto.

Percebe-se, portanto, que, mesmo quando há bem jurídico digno de tutela penal, a proteção penal não é absoluta, mas fragmentária.

Igualmente, o princípio da ofensividade ou da lesividade está relacionado à ideia de intervenção mínima.

Trata-se de um princípio que complementa o da subsidiariedade e o da fragmentariedade, na medida em que determina que, mesmo sendo um bem reputado digno de tutela penal, mesmo que toda e qualquer ação teoricamente atentatória a esse bem deva ser objeto de criminalização, a efetiva incidência do direito penal fica condicionada à real existência de lesão ou de perigo concreto de lesão ao bem jurídico tutelado.

Cabe consignar que tal princípio deverá ser observado pelo legislador, no momento da elaboração da norma penal, e pelo magistrado, quando de sua aplicação.[2]

O princípio da insignificância, que admite a não punição de ação que teoricamente se subsume ao tipo penal, é reflexo direto do princípio da lesividade.[3]

Também em consequência do princípio da lesividade, os delitos de perigo abstrato, ou seja, aqueles em que um bem jurídico penal não é ferido

---

[2] No caso de porte de substância entorpecente, por exemplo, independentemente de toda a discussão filosófica que se possa travar acerca da legitimidade ou da falta de legitimidade para a criminalização, tem-se que, sendo a saúde pública o bem jurídico tutelado, se a quantidade de tóxico for insuficiente para causar a dependência, não será possível falar em crime, por força do princípio da ofensividade ou da lesividade.

[3] O estudo do princípio da insignificância pode ser aprofundado mediante a leitura de VICO MAÑAS, Carlos. *O princípio da insignificância como excludente da tipicidade no direito penal*.

nem está sob risco concreto, devem ser considerados incompatíveis com o Estado Democrático de Direito.

A observância desses princípios, em conjunto com aqueles mais diretamente relacionados à punição[4] (proporcionalidade, individualização, humanidade), possibilita que a intervenção penal seja, por mais contraditório que isso possa parecer, democrática.

---

4   Esses princípios serão devidamente estudados na terceira parte deste livro, dedicada à análise das sanções penais.

5 | Princípio da legalidade

O respeito aos princípios informadores do direito penal mínimo nada significaria se não estivesse presente o princípio básico de todo e qualquer Estado que se pretenda democrático, ou seja, o princípio da legalidade.

Não terá nenhuma serventia condicionar o recurso à proteção penal ao reconhecimento do bem tutelado por parte da Constituição, ou checar se não há outro ramo do direito que proteja de forma eficaz aquele mesmo bem antes de recorrer ao direito penal, se os cidadãos não souberem, antecipadamente, quais ações lhes são vedadas.

Por isso, a Constituição Federal, em seu art. 5º, XXXIX, e o Código Penal, em seu art. 1º, preveem que não há crime sem lei anterior que o defina ou pena sem prévia cominação legal.

O princípio da legalidade, que se subdivide em dois outros princípios, isto é, anterioridade e taxatividade, foi o primeiro passo rumo à democratização da punição. Na verdade, sem esse princípio seria possível falar em arbítrio, não em direito penal.

Como mencionado anteriormente, o Estado Democrático de Direito pressupõe que não sejam punidas ações não lesivas a valores considerados efetivamente importantes para uma sociedade. Isso significa dizer que a mera previsão formal de certa ação como criminosa, por si só, não pode justificar a incidência do direito penal.

Não obstante, o raciocínio inverso não pode ser considerado adequado, ou seja, o fato de uma ação ser materialmente lesiva aos valores sociais não faz com que a sua punição seja possível, independentemente da previsão formal da criminalização.

Pode parecer exagerada a ênfase sobre essa impossibilidade. No entanto, já há autores que defendem a flexibilização do princípio da legalidade, sob o argumento de que certos bens jurídicos são tão importantes que a punição anterior à previsão do crime restaria justificada, inclusive por meio da analogia em prejuízo do imputado.

É o caso, por exemplo, de Márcia Dometila Lima Carvalho. Segundo ela, para que o princípio da legalidade não perca o seu sentido de justiça, quando da sua concreção, urge que a reformulação da Parte Especial do Código Penal venha informada pela ordem de valores positivada no texto constitucional e que, no momento de sua interpretação, não se absolutize o princípio da analogia *in malan partem*, deixando-se sem proteção, por falta de direção na interpretação, aquela ordem de valores.[1]

Ora, se nem mesmo um professor pode retirar nota de um aluno sem haver, anteriormente, exposto as regras de atribuição e perda de pontos, que dirá o Estado retirar a liberdade de uma pessoa sem que ela tenha sido informada previamente acerca da ação que lhe é vedada.

Por mais importante que seja o bem jurídico tutelado, o princípio da legalidade não pode ser flexibilizado, sob pena de se abrir uma porta ao totalitarismo, a exemplo do que vigorou na extinta União Soviética, na Alemanha nazista e, durante muito tempo, na China.[2]

Além de o princípio da legalidade, baluarte do Estado Democrático de Direito, ter como pressuposto a anterioridade, ele se baseia também na taxatividade.

Com efeito, de nada adianta a existência de lei anterior que proíba determinada ação, se a redação do texto legal não permite saber exatamente qual o comportamento proibido.

O princípio da taxatividade, ainda pouco explorado na doutrina nacional, determina que, além de estar condicionada à previsão legal anterior ao crime

---

1 CARVALHO, Márcia Dometila Lima. *Fundamentação constitucional do direito penal*: crimes econômicos, responsabilidade penal das pessoas jurídicas, legalidade, culpabilidade e justiça social, p. 163.
2 Acerca do princípio da legalidade nesses sistemas, aconselhamos a leitura de JIMENEZ DE ASUA, Luis. *Derecho penal sovietico*. Buenos Aires, TEA, 1947; REALE JR., Miguel. *Teoria do delito*; BETTIOL, Giuseppe. "Bene giuridico e reato". In: *Rivista Italiana di Diritto Penale*, Milão, Cedam, annata X, v. XVI, 1938, p. 3-18; idem, "L'odierno problema del bene giuridico". In: *Rivista Italiana di Diritto e Procedura Penale* (Nuova Serie), Milão, AG, ano II, 1959, p. 705-23; PEREIRA, Júlio A. C. *Comentário à lei penal chinesa*.

e à pena, a punição está condicionada à clareza e à objetividade da norma penal, que, vale lembrar, não admite interpretação extensiva nem analogia quando para incriminar.³

Com fulcro na taxatividade, requisito básico da legalidade, garantida pela Constituição Federal em seu art. 5º, XXXIX, pode-se, inclusive, questionar a constitucionalidade das normas penais em branco, que são aquelas normas incriminadoras cujo conteúdo é dado por outra lei ou por norma administrativa.

Algumas vezes, as normas penais em branco, por mais questionáveis que possam ser, até permitem a total compreensão das ações vedadas.⁴

No entanto, há situações em que a norma que complementa o tipo penal é tão ampla que fica impossível conhecer o ato que não pode ser praticado, gerando assim insegurança, o que é incompatível com o Estado Democrático de Direito.⁵

Percebe-se que o princípio da legalidade, muitas vezes reduzido à anterioridade da lei, além de exigir que a lei incriminadora e a pena cabível sejam previstas anteriormente à prática da ação que ensejará uma eventual punição, implica clareza no texto que impõe a proibição, sob pena de inconstitucionalidade.

Em sede do chamado direito penal econômico, a taxatividade costuma ser pouco observada, o que gera insegurança jurídica e, por conseguinte, injustiça.

A clareza antecipada da lei constitui uma forma de garantir sua observância. Os cidadãos não têm como respeitar as normas se não sabem que elas existem ou não as compreendem.

Muitos autores interpretam o princípio da legalidade como uma obrigatoriedade de aplicação da lei penal. No entanto, lembrando que, em sua origem, o princípio da legalidade é o limite até onde o Estado pode ir, entendo que ele não enseja obrigatoriedade.

---

3   Não seria possível, por exemplo, pretender punir, com a pena prevista para o aborto, a conduta de quem destrói óvulos fecundados que se encontram em provetas ou congelados para posterior inseminação. Apesar de os óvulos já constituírem nesse estágio uma vida, não se pode, mediante analogia prejudicial ao imputado, interpretar o ato como aborto.
4   É o caso, por exemplo, dos crimes relacionados às substâncias entorpecentes.
5   A título de exemplo, pode-se citar o art. 184 do Código Penal, que, ao vedar a violação de direito autoral, deve ser complementado pela Lei n. 9.610/98, a qual conta com mais de uma centena de artigos.

Assim, mesmo havendo a lei, se o juiz entender que a condenação não se justifica, ou que a punição é excessiva, fundamentadamente, pode deixar de aplicá-la. Essa visão, reconhece-se, é minoritária na doutrina, mas se justifica à luz dos princípios informadores do direito penal mínimo, antes estudados.

Não obstante, cumpre deixar bem claro que o direito penal mínimo não guarda relação com o abolicionismo (abolição do direito penal), pois, quando bens jurídicos relevantes restam lesados, havendo necessidade de tutela penal, a pena deve ser aplicada.

6 Princípio da aplicação da lei penal mais benéfica

Após estatuir que "não há crime sem lei anterior que o defina, nem pena sem prévia cominação legal", a Constituição Federal, em seu art. 5º, XL, garante que "a lei penal não retroagirá, salvo para beneficiar o réu". Daí se conclui que a regra da irretroatividade da norma incriminadora é consequência lógica e necessária do princípio da legalidade, mais especificamente do da anterioridade.

Se a Constituição Federal garante não haver crime ou pena sem prévia cominação legal, parece óbvio ser inadmissível aplicar retroativamente uma norma incriminadora, ou seja, fazer incidir sobre determinado caso concreto lei penal que tenha entrado em vigor posteriormente à prática do ato considerado criminoso por essa mesma norma.

A esse respeito, faz-se necessário enfatizar que o princípio da irretroatividade não impede apenas que a lei penal que traga nova incriminação seja aplicada a atos anteriores, mas também inviabiliza a aplicação de qualquer modificação legislativa que piore a situação do imputado.

Isso significa dizer que, se alguém praticou um delito ao qual é cominada pena de dois a quatro anos e, no curso da ação penal, a reprimenda foi elevada para três a cinco anos, a pena a que o indivíduo, caso seja condenado, estará sujeito será a de dois a quatro anos.

Da mesma forma, se alguém praticou um delito ao qual é prevista pena de multa, vindo, posteriormente, a ser atribuída à mesma conduta pena privativa de liberdade, essa alteração legislativa não o alcançará.

Apesar de a regra ser a da irretroatividade da lei penal, tem-se que a própria Constituição Federal, ao estatuí-la, traz uma exceção: a da norma penal benéfica ao imputado.

Isso significa que, toda vez que houver uma alteração na legislação penal que beneficie o imputado, ela será aplicada inclusive às ações típicas anteriormente praticadas.

Aqui, faz-se mais uma vez necessário esclarecer que o benefício deverá ser aplicado de forma retroativa, independentemente de ter natureza descriminadora ou despenalizadora. Descriminadora é a norma que deixa de considerar criminosa a ação antes reconhecida como tal, e despenalizadora é a norma que, qualitativa ou quantitativamente, abranda a punição prevista para determinada ação delituosa.

Cabe ainda apontar que, apesar de a Constituição Federal falar em aplicação retroativa de norma que beneficie o réu, essa garantia se estende também àqueles indivíduos que já tenham sido condenados, inclusive com trânsito em julgado, como bem determina o parágrafo único do art. 2º do Código Penal.

A irretroatividade da lei penal em geral e a retroatividade da lei penal benéfica, além de constituírem garantias constitucionais, são verdadeiros reflexos de justiça, pois mais injusto que surpreender alguém com pena referente a conduta não punível à época de sua prática ou com pena superior à então prevista seria manter uma punição por algo que não é mais considerado ilícito. Se o legislador descriminaliza determinada conduta, ou reduz a punição a ela pertinente, está, na verdade, reconhecendo a ausência ou menor lesividade social.

A matéria sob estudo traz em seu bojo duas questões consideradas mais polêmicas.

A primeira delas diz respeito àqueles casos em que as leis passíveis de ser aplicadas a um caso concreto (a da época da ação, a da época da decisão ou a lei intermediária) trazem partes benéficas e prejudiciais ao mesmo tempo. Recebe o nome de intermediária a lei editada no interregno compreendido entre a prática do ato considerado delituoso e a decisão definitiva referente ao crime. Se essa lei intermediária for a mais benéfica, ela deverá ser aplicada ao caso concreto.

Prevalece, na doutrina e na jurisprudência, o entendimento de que, quando as duas normas penais passíveis de ser aplicadas a determinado caso concreto ou a uma ação em tese trazem modificações positivas e negativas ao mesmo tempo, o magistrado deverá optar por uma das duas, procurando, obviamente, aplicar a que seja menos prejudicial ao réu. Tal posicionamento tem fundamento na ideia de que seria vedado ao magistrado alçar-se à condição de legislador, combinando as duas normas penais em análise e criando uma terceira.

Não obstante o posicionamento em referência ser defendido pela maior parte dos doutrinadores, cumpre concordar com René Ariel Dotti quando aduz que "a apuração de maior benignidade pode ser feita através do critério de combinação de leis, para se extrair de cada uma delas a parte mais benéfica". E continua, enfatizando que "não se estará criando uma terceira lei, como advertia um velho mito, mas efetivando-se um processo de integração".[1]

Outra polêmica que circunda essa matéria relaciona-se às chamadas normas mistas, ou seja, àqueles diplomas legislativos que trazem alterações de natureza penal e processual penal, concomitantemente.

A dificuldade reside no fato de a incidência das normas penais estar relacionada ao momento da ação (com exceção da hipótese de advento de norma mais benéfica), enquanto as normas processuais penais têm incidência imediata, atingindo não só os procedimentos relativos aos delitos futuros, mas todos aqueles que já estão em andamento, se a fase em que se encontram for compatível com a aplicação.[2]

Assim, graças a essa diferença de critérios de aplicação, bem como à irretroatividade da norma penal prejudicial e à necessária retroatividade da benéfica, surgem dificuldades práticas toda vez que uma norma mista é editada.

Em se tratando de norma de natureza mista que traz em seu bojo benefício ao imputado, tem-se que o diploma, com suas consequências processuais e penais, deve ser aplicado a todos os procedimentos que estejam em andamento, independentemente da fase em que se encontrem. Aqui não parece exagerado lembrar que, se a norma tivesse natureza

---

[1] DOTTI, René Ariel. *Curso de direito penal*: Parte Geral, p. 61.

[2] A título de exemplo, pode-se pensar na hipótese de ser editada lei que altere o prazo para a apresentação de resposta à acusação. Com a entrada em vigor dessa alteração legislativa hipotética, todas as ações penais que estivessem em andamento e que ainda não tivessem atingido a fase de apresentação de tal peça processual seriam alcançadas pela nova lei, independentemente de o prazo ter sido diminuído ou dilatado. A natureza da alteração (benéfica ou prejudicial ao imputado) é absolutamente indiferente para a aplicação do novo diploma.

exclusivamente processual, ela só seria aplicada aos feitos que se encontrassem em fase compatível.

A Lei n. 9.099/95, Lei dos Juizados Especiais Cíveis e Criminais, introduziu no ordenamento pátrio dois institutos que ocasionaram verdadeira revolução, pois, apesar de se tratarem de institutos processuais, acarretaram consequências penais benéficas, no caso a extinção da punibilidade, e, por isso, atingiram todas as ações que se encontravam em andamento, inclusive aquelas que estavam em segunda instância, aguardando apreciação do recurso de apelação.

Quando do advento da Lei n. 9.099/95, por exemplo, tanto a doutrina quanto a jurisprudência firmaram o entendimento de que a suspensão condicional do processo, com a consequente extinção da punibilidade, somente poderia ser aplicada aos casos que estavam em andamento, não atingindo os feitos com decisão condenatória já transitada em julgado. Apesar de serem compreensíveis os motivos que levaram doutrinadores e, principalmente, julgadores a se manifestar de tal forma (a aplicação aos casos julgados acarretaria uma verdadeira balbúrdia na já abarrotada máquina judiciária), é forçoso concluir que essa vedação não condiz com o texto constitucional nem com o Código Penal, que não excluem a aplicação da lei penal benéfica aos casos julgados. Além disso, se o constituinte e o legislador não excepcionaram a hipótese das normas mistas, o intérprete não pode fazê-lo.

Agora, com relação às normas mistas que trazem consequências processuais prejudiciais ao imputado, a solução passa a ser mais difícil.

Como já fora apontado, se existe conflito entre duas normas, a maior parte dos doutrinadores e julgadores defende a tese de que não seria possível conjugar as partes favoráveis de ambas, criando uma terceira. Como também fora consignado, o posicionamento de René Ariel Dotti, no sentido de que as duas normas podem ser combinadas, parece-nos mais acertado.

Pois bem, seguindo igual raciocínio, tem-se que, advindo norma penal mista, com consequência penal maléfica, poderá ser aplicada a parte processual, não incidindo a parte penal.

A título de exemplo, pode-se citar a Lei n. 9.271/96, que alterou o Código de Processo Penal e determina que, toda vez que o réu não for citado pessoalmente e não constituir um advogado, ficam suspensos o processo e o curso do prazo prescricional.

A suspensão do processo na hipótese de citação fictícia é medida processual que atende à garantia constitucional da ampla defesa. Apesar de a regra para as normas processuais ser a da aplicação imediata, o dispositivo prevê a suspensão do curso do prazo prescricional, medida de natureza penal, flagrantemente prejudicial ao réu.

Em razão desse prejuízo, entendeu-se, majoritariamente, por não aplicar o novo dispositivo aos processos que já estavam em andamento, atingindo ele apenas os feitos referentes aos crimes praticados posteriormente à nova redação do art. 366. Na verdade, o dispositivo poderia ser aplicado sem a incidência da parte penal maléfica, como antes asseverado.

Em resumo, a regra é a da aplicação da lei mais favorável ao imputado, sendo certo que tal aplicação nem precisa ser requerida pela defesa; deve-se aplicar a lei melhor de ofício, ou seja, por iniciativa do próprio juiz.

7
A lei penal no tempo e no espaço

Nos termos do art. 4º do Código Penal, considera-se praticado o crime no momento da ação ou da omissão, independentemente de quando se verifica o resultado. Tem-se daí que a regra é a da atividade.

É o momento do crime, e consequentemente o momento da ação ou da omissão, que indica qual lei penal será aplicada, com exceção, como já mencionado, das hipóteses em que advém lei penal benéfica.

Diversamente, no que diz respeito ao espaço ou ao lugar, o Código Penal, em seu art. 6º, adota a teoria da ubiquidade, segundo a qual se considera praticado o crime tanto no lugar da ação ou da omissão como no lugar em que se produziu ou deveria ser produzido o resultado. É certo que a lei penal brasileira deverá ser aplicada, nos termos do art. 5º do mesmo diploma legal, sempre que o crime for cometido no território nacional.

Percebe-se com isso que o legislador preferiu adotar a teoria da ubiquidade à da atividade, visando a garantir que, toda vez que o crime estiver relacionado com o território nacional, quer pela ação ou pela omissão, quer pelo resultado, a lei pátria seja a aplicada.

É importante não confundir a regra que determina o lugar do crime, diretamente relacionada à definição da prevalência da jurisdição brasileira, com aquela que define a competência territorial (art. 70 do Código de Processo Penal), fundada no local da consumação do delito. Esta última está associada à distribuição de competência dentro do território nacional.

Além de estatuir que a lei brasileira será aplicada aos crimes praticados no território nacional, o Código Penal lista regras de extensão do território nacional, bem como outras segundo as quais a lei brasileira será aplicada ainda que o crime não tenha sido praticado no território nacional, respectivamente conhecidas como regras de territorialidade e extraterritorialidade.

É muito comum o estudante perguntar como o legislador brasileiro pode dizer quando a sua lei deve prevalecer sobre a lei estrangeira. Normalmente, a pergunta é complementada por outra indagação: "E se o outro país também disser que, em tal caso, a lei dele deve incidir?". Trata-se de questionamento muito pertinente, que, obviamente, evidencia ser seu autor um aluno atento e interessado. No entanto, é preciso lembrar que o legislador nacional não vincula o legislador de outros países, que são soberanos.

O intuito do legislador pátrio foi estabelecer todas as situações em que a lei brasileira poderia ser aplicada, contando, no entanto, com a possibilidade de outro ordenamento ser aplicável concomitantemente. Tanto é assim que o art. 8º prevê que a pena cumprida no exterior atenua a pena imposta no Brasil, pelo mesmo crime, quando elas forem diversas, sendo descontada quando forem idênticas.

Percebe-se, portanto, que o fim primordial do legislador foi evitar a impunidade.

Por força da territorialidade, consideram-se extensão do território nacional: a) as embarcações e as aeronaves brasileiras, de natureza pública ou que estejam a serviço do governo brasileiro, onde quer que se encontrem; b) as aeronaves e as embarcações brasileiras, mercantes ou de propriedade privada, que se achem no espaço aéreo correspondente ou em alto-mar, respectivamente;[1] c) as aeronaves estrangeiras, de propriedade privada, que estejam pousadas no território nacional ou em voo no espaço aéreo correspondente ao território nacional;[2] d) as embarcações estrangeiras, de propriedade privada, que estejam em porto nacional ou no mar territorial do Brasil, que se estende por 12 milhas, mar adentro, por toda a costa nacional.

---

1 Ao prever que os crimes cometidos a bordo de embarcações nacionais de propriedade privada que se encontrem em alto-mar, bem como os cometidos a bordo de aeronave brasileira que se encontre sobrevoando o alto-mar, estão sujeitos à lei brasileira, o legislador pátrio evitou a impunidade, já que o alto-mar, não obstante as diferentes leis de definição de território, não pertence a nenhum Estado soberano em especial.

2 Assim, se no interior de um avião pertencente a uma empresa francesa, enquanto sobrevoa o território brasileiro, ocorrer um estupro, deverá incidir a lei penal brasileira.

Além de estipular as extensões do território nacional, o legislador pátrio previu as situações que, por serem relevantes ao povo e/ou ao Estado brasileiro, justificam a aplicação da lei brasileira, mesmo que os crimes tenham sido praticados no exterior, criando o princípio da extraterritorialidade, a ser seguido nas seguintes hipóteses: a) crimes contra a vida ou a liberdade do presidente da República; b) crimes contrários ao patrimônio ou à fé pública da União, do Distrito Federal, de estado, de território, de município, de empresa pública, sociedade de economia mista, autarquia ou fundação instituída pelo poder público; c) crimes contra a administração pública, quando praticados por quem está a seu serviço; d) genocídio, quando o autor for brasileiro ou domiciliado no Brasil;[3] e) crimes que, por tratado ou convenção, o Brasil se obrigou a reprimir; f) crimes praticados por brasileiros; g) crimes praticados em aeronaves ou embarcações brasileiras, mercantes ou de propriedade privada, quando em território estrangeiro e aí não sejam julgados;[4] h) crimes cometidos por estrangeiros contra brasileiro que esteja fora do país, quando não houver sido pedida a extradição, tendo havido requisição do ministro da Justiça.

Nestas quatro últimas situações, a aplicação da lei penal brasileira fica condicionada à entrada do agente no território nacional; a ser o fato punível também no país em que foi praticado;[5] a estar o crime incluso entre aqueles pelos quais a lei brasileira autoriza a extradição; a não ter sido o agente absolvido no exterior, ou aí cumprido pena;[6] a não ter sido o agente perdoado no exterior; ou, por outro motivo, a não estar extinta a punibilidade, segundo a lei mais favorável.[7]

---

3   Nestas primeiras quatro hipóteses, o agente é punido segundo a lei brasileira, independentemente de ter sido absolvido ou condenado no exterior.
4   Aqui, mais uma vez, o legislador pátrio previu a regra visando a evitar a impunidade.
5   Vários países europeus permitem o aborto em situações não admitidas pelo ordenamento nacional. Imaginem que uma brasileira tenha viajado para um desses países e praticado um aborto lícito nos termos da legislação local. Nesse caso, resta vedada a aplicação da lei brasileira.
6   Essa condição constante da Parte Geral do Código Penal, elaborada em 1984, ainda que expressa indiretamente, concretiza o princípio da proibição do *bis in idem*, que veda não só a dupla punição, mas também a dupla submissão de um indivíduo a julgamento por um mesmo fato. A esse respeito, vale consignar que a Convenção Americana sobre Direitos Humanos, ou Pacto de San Jose da Costa Rica, ratificada pelo Brasil, prevê, em seu art. 8º, § 4º, que o "acusado absolvido por sentença passada em julgado não poderá ser submetido a novo processo pelos mesmos fatos".
7   Seria a hipótese, por exemplo, de o crime a ser julgado de acordo com a lei brasileira estar prescrito no país em que foi praticado.

Parte II
Do crime

8. Ação
9. Tipicidade
10. Antijuridicidade
11. Culpabilidade
12. Imputabilidade
13. Relação de causalidade
14. Crime consumado, crime tentado e crime impossível
15. Desistência voluntária, arrependimento eficaz e arrependimento posterior
16. Crime doloso e crime culposo
17. Erro de tipo, erro de proibição e descriminantes putativas
18. Concurso de pessoas

8 Ação

Todo crime pressupõe uma conduta humana. Até que se prove o contrário, apenas os seres humanos têm capacidade de entender e valorar seus próprios atos, bem como de se conduzir conforme esse entendimento. Somente os seres humanos são imputáveis, ou seja, passíveis de ser responsabilizados por seus atos.[1]

Há, obviamente, como se evidenciará a seguir, pessoas que não possuem essa capacidade, seja pela idade, seja em razão de seu desenvolvimento mental, e, por isso, recebem sanções diferenciadas.

Justamente por ter fundamento em ações humanas, o direito penal não se ocupa daqueles atos inerentes à própria natureza ou à sobrevivência. De nada adiantaria o legislador pretender punir criminalmente os simples atos de urinar, defecar, menstruar, comer ou manter relações sexuais.

O direito penal pune ações, e a ação pressupõe uma decisão, uma escolha, em suma, liberdade, ou livre-arbítrio, como se costuma falar, em sede de direito penal.

É bem verdade que há estudos mais recentes, no campo da neurociência, que sustentam que o espaço para o livre-arbítrio é muito limitado, dado que muitas ações que se julgam livres teriam origem direta no cérebro.[2]

---

[1] No Brasil, a responsabilidade penal da pessoa jurídica é admitida no caso de crimes contra o meio ambiente. Existe projeto de lei que prevê alargar essa possibilidade para crimes contra a ordem econômica e financeira, bem como para aqueles danosos à administração pública. Somos completamente contrários a tal iniciativa, por razões que serão mais bem especificadas na quarta parte deste livro.

[2] Apesar de não se tratar de uma obra jurídica, para melhor compreensão da questão, sugere-se a leitura de EAGLEMAN, David. *Incógnito*: as vidas secretas do cérebro.

Muitos penalistas, entretanto, já vêm se manifestando contrariamente a essa nova tendência, por temerem a possibilidade de se adotarem medidas penais antecipadas, com o fim de evitar a prática de crimes.

O temor é compreensível, pois um Estado Democrático de Direito só pode conviver com o direito penal do fato, sendo inadmissível o direito penal de autor.

Antes da reforma da Parte Geral do Código Penal, em 1984, vigorava um determinismo (a ideia de que as pessoas nasciam criminosas) que permitia que medidas de segurança fossem aplicadas independentemente da prática de um ato previsto como crime, baseando-se na suposta periculosidade do indivíduo. Por mais valiosos que sejam os ensinamentos neurocientíficos, não se pode admitir o retorno ao direito penal focado no autor.

Percebe-se, portanto, que uma democracia só pode conviver com um direito penal centrado em atos, em comportamentos exteriorizados, em resumo, em ações. Por isso, os elementos que integram o crime – tipicidade, antijuridicidade, culpabilidade – devem ser analisados a partir de determinada concepção filosófica sobre o que vem a ser uma ação criminosa.

Existem diversas escolas penais referentes à ação: escola clássica, escola finalista, escola da adequação social da ação.

Os adeptos do causalismo contentam-se em verificar se um ato levou ou não a determinado resultado, imputando-o ao autor, independentemente de sua intencionalidade.

Para os causalistas, a ação é eminentemente objetiva (um encadeamento de atos que leva a um resultado), sendo que o dolo ou a culpa revelam apenas o grau de culpabilidade do agente.

Assim, ocorrendo um atropelamento que resulte em morte, não importará se o motorista desrespeitou ou não o dever de cuidado, não importará se quis desrespeitar tal dever ou se, dadas as circunstâncias, o resultado morte não era previsível. Um causalista sempre justificará a responsabilidade do condutor, aduzindo, por exemplo, que, se ele estivesse guiando em menor velocidade, teria conseguido frear o veículo a tempo.[3]

---

3   Muitas sentenças e acórdãos condenatórios revelam magistrados adeptos do causalismo, já que a culpa é formada, com grande frequência, com base na análise do laudo pericial, exclusivamente. No campo dos crimes tributários, as condenações, salvo raras exceções, são prolatadas com base no lançamento feito pela autoridade administrativa, o que diminui muito o papel do direito penal e a importância das próprias autoridades envolvidas em sua aplicação.

Os adeptos do finalismo trazem para a ação um conteúdo subjetivo. Não basta causar um resultado, faz-se necessário buscá-lo. Age aquele que direciona seus atos para determinado fim.

Assim, se alguém disparou um revólver objetivando testá-lo, vindo, no entanto, a causar a morte de uma pessoa, não praticou um homicídio doloso, pois não pretendeu, desde o início, chegar àquele resultado. Poderá até ter praticado um homicídio culposo se, dadas as circunstâncias do fato, verificar-se que o autor do disparo desrespeitou o dever de cuidado, sendo a morte previsível.

Com o finalismo, dolo e culpa deixam de ser degraus na culpabilidade e passam a compor a própria ação, consequentemente, o tipo. A ação deixa de ser meramente objetiva.

Já a concepção social da ação, ou a teoria da adequação social da ação, vislumbra na ação um componente valorativo.

Para os adeptos dessa teoria, todo encadeamento de atos humanos, além de uma finalidade, possui um valor que o estimula, sendo certo que tal valor pode ser conforme ou contrário aos valores sociais. No Brasil, Miguel Reale Júnior é o grande defensor dessa concepção.[4]

Renato de Mello Jorge Silveira também fez minucioso estudo sobre a importância da adequação social da ação, concluindo tratar-se de "útil instrumento do arsenal hermenêutico a ser utilizado para a superação do positivismo, o qual, de qualquer forma, isoladamente, não raro, se mostra como fator gerador de injustiça".[5]

Sendo a ação a base da teoria do delito, tem-se que a filosofia adotada para a sua explicação, forçosamente, influencia os conceitos atribuídos à tipicidade, à antijuridicidade e à culpabilidade. Desde já, consigna-se que os tópicos seguintes estarão totalmente influenciados pela concepção social, ou valorada, da ação.

---

4 "A meu ver a ação traz em si um dado valorativo e em razão da capacidade do agente de apreender o significado valorativo da ação que realiza, em vista de um fim, há uma intencionalidade significativa. A ação, toda a ação, a mais irrelevante, sem qualquer relevância social, como escolher uma gravata de manhã, realiza-se com base em posições valorativas, que não dependem da repercussão dos efeitos do meio social"; REALE JR., Miguel. *Instituições de direito penal*: Parte Geral, v. 1, p. 133.

5 *Fundamentos da adequação social em direito penal*, p. 404.

Não obstante, é importante enfatizar que, em relação à ação penal, não existe uma teoria correta e uma teoria equivocada, ou uma teoria avançada e outra ultrapassada.

As linhas filosóficas que dão sustentação às diversas escolas e teorias que analisam a ação penal convivem simultaneamente, não sendo raro encontrar professores de uma mesma instituição de ensino adeptos de teorias distintas.

É necessário deixar claro que a adoção de determinada teoria da ação está relacionada à escolha filosófica de cada estudioso do direito, que deverá ser coerente com sua opção quando da análise dos demais institutos da disciplina.

9 Tipicidade

Os dispositivos legais (artigos de lei) em que o legislador prevê condutas delituosas recebem o nome de tipos penais. Cada conduta proibida pelo direito penal constitui um tipo penal. Assim, pode-se falar no tipo penal do homicídio, do furto, do roubo etc.

A princípio, a tipicidade estaria presente sempre que alguém realizasse a conduta prevista pelo legislador como criminosa. Para atribuir a determinado ato a "qualidade" de típico, bastaria verificar se os elementos objetivos descritos na lei foram praticados pelo autor da conduta no mundo real. Seria a chamada subsunção.

Por força dos ensinamentos dos adeptos da escola finalista mencionada, para ser considerada típica, além de subsumir-se à previsão legal, a conduta deve estar imbuída do elemento subjetivo: dolo ou culpa.

Pela sistemática adotada no Código Penal pátrio, como já dito, dolo e culpa são componentes da tipicidade.

Admitindo-se ainda que o conteúdo valorativo é essencial na caracterização de uma ação delituosa, tem-se que a tipicidade não se esgota com a identificação feita entre determinada ação e a descrição legislativa. Tampouco se esgota com a verificação do elemento subjetivo. Na verdade, para que uma conduta seja considerada típica, é necessário lesar – ou, pelo menos, colocar em risco – o valor protegido pela norma penal.

Quando o legislador prevê como criminosa a conduta de subtrair coisa alheia móvel (furto), está protegendo o bem jurídico patrimônio. É certo que o crime somente poderá restar configurado se, além de realizar os atos previstos no tipo, o autor objetivar lesar o valor tutelado pela norma incriminadora.

Por isso, quando alguém subtrai coisa alheia móvel para saciar a fome que coloca em risco a própria sobrevivência, em quantidade compatível com essa finalidade, não se pode falar em conduta típica, ainda que tenha realizado todos os elementos objetivos e subjetivos previstos na lei.

É justamente a contrariedade aos valores sociais que leva o legislador a criminalizar uma ação. Trata-se de uma concepção material (socialmente valorada) da tipicidade.

A esse respeito, é importante ressaltar que, apesar de a descrição legislativa não ser suficiente para caracterizar a tipicidade de determinada conduta, sendo necessário que um desvalor a tenha determinado, o desvalor, por si só, não basta para que uma ação seja tida como típica. Isso porque, como visto anteriormente, em um Estado Democrático de Direito, a existência de lei anterior à punição é imprescindível.

Fala-se em tipicidade objetiva quando se verifica, no mundo real, a realização dos elementos previstos no tipo penal. Por exemplo, restará verificada a tipicidade objetiva do crime de estelionato se alguém, tal como prevê o art. 171 do Código Penal, induzir outrem a erro, mediante fraude, obtendo para si vantagem ilícita, em prejuízo da vítima.

Já a tipicidade subjetiva está relacionada à intencionalidade que conduz a ação, podendo-se falar em tipo doloso e tipo culposo.

O tipo é doloso se o agente quis a ação e o resultado consequente dela; culposo, se o agente quis a ação e, em decorrência de haver desrespeitado o dever de cuidado, acaba por causar um resultado não pretendido. Por força do disposto no art. 18, parágrafo único, do Código Penal, a possibilidade de punição por culpa deve estar prevista expressamente em cada um dos tipos penais.

A tipicidade está umbilicalmente relacionada ao princípio da legalidade. Isso porque, para que se possa falar em tipicidade de determinada conduta, faz-se necessário que o legislador tenha criado, anteriormente, um tipo penal relativo a ela.

10 Antijuridicidade

Em uma concepção social ou material do delito, a antijuridicidade ganha papel de destaque.

Com efeito, de acordo com uma sistemática eminentemente formal (de análise pura da letra da lei), a antijuridicidade (contrariedade ao ordenamento) se verificaria sempre que, presente a tipicidade formal (adequação de certa conduta ao tipo descrito na lei), estivesse ausente qualquer uma das causas de seu afastamento, ou seja, a legítima defesa, o estado de necessidade, o estrito cumprimento do dever legal ou o exercício regular do Direito.

Nessa sistemática, se alguém mata uma pessoa, a conduta se subsume ao tipo penal, sendo, portanto, típica. Essa tipicidade, por sua vez, seria pressuposto (indício) da antijuridicidade do ato. A antijuridicidade somente restaria descaracterizada com a demonstração de que a morte se deu em legítima defesa ou em qualquer outra situação excludente. A maior parte da doutrina e da jurisprudência adota essa concepção.

Considerando que a ação e a tipicidade pressupõem um conteúdo objetivo (encadeamento de atos), um subjetivo (dolo ou culpa) e um conteúdo valorativo (contrariedade a um valor estimado em uma sociedade), tem-se que a tipicidade deixa de ser um indício da antijuridicidade. Na verdade, para ser típica, a ação tem de ser antijurídica, pois deve contrariar um valor social.

Se alguém é obrigado a matar uma pessoa para se defender, não cabe dizer que sua conduta foi típica, tampouco antijurídica, por ter agido em legítima defesa.

Na verdade, ao matar uma pessoa para se defender, o agente não praticou uma conduta típica, pois agiu imbuído do valor de preservação da vida, e não do desvalor de destruição.

A legítima defesa, o estado de necessidade, o estrito cumprimento do dever legal e o exercício regular do Direito afastam não só a antijuridicidade, mas a própria tipicidade da conduta, já que aqueles que agem nessas situações, na verdade, prezam pelos valores sociais. Esses fatores excludentes recebem o nome de justificantes.

LEGÍTIMA DEFESA

Nos termos do art. 25 do Código Penal, age em legítima defesa aquele que, usando moderadamente os meios necessários, repele injusta agressão, atual ou iminente, a direito seu ou de outrem.

O art. 25 do Código Penal impõe diversos requisitos para a legítima defesa se verificar. Vejamos:

A) A agressão deve ser injusta, não há que falar em legítima defesa contra ato que já ensejava a sua adoção (por exemplo: Caio saca um revólver e diz que vai atirar em Tício, que, para se defender, lança mão de uma faca e parte para cima de Caio, que então atira. Na hipótese, por ter sido o agente provocador, Caio não pode alegar legítima defesa).

B) A agressão deve ser atual ou iminente, ou seja, não pode alegar legítima defesa aquele que mata alguém que o ameaçou de morte, por exemplo, na semana anterior. A agressão é atual quando os atos de ofensa à vida ou à integridade física já se desencadearam (por exemplo: o agressor já sacou a arma ou já começou a bater na vítima, que fica autorizada a se defender). É iminente quando anunciada pelo agressor ou percebida pela vítima antes de os atos de agressão propriamente ditos terem se iniciado (por exemplo: o agressor diz que vai matar a vítima naquele momento e inicia movimento para pegar uma arma).

C) Para caracterizar a legítima defesa, aquele que se defende deve, nos termos da lei, usar moderadamente os meios necessários para isso; seriam aqueles meios suficientes para afastar a injusta agressão atual ou iminente. A rigor, a vítima não precisaria se defender com um revólver, se um soco fosse suficiente para afastar a agressão. Também não precisaria desferir três tiros, se um único disparo fosse suficiente para assustar o agressor.

Essa regra, no entanto, deve ser compreendida com parcimônia, pois aquele que está se defendendo em situação de extrema tensão, na verdade, não pensará em lançar mão dos meios necessários, mas sim dos meios disponíveis, tanto faz tratar-se de uma arma de fogo, de um canivete ou de uma panela de ferro. A vítima usará aquilo que estiver mais fácil, mais acessível.

Da mesma forma, não se pode exigir que a vítima, ao se defender, pense em utilizar moderadamente os meios disponíveis. Para quem está de fora, pode ser fácil dizer que um único tiro seria suficiente para afastar a agressão, mas, muitas vezes, quem está na situação de perigo perde a dimensão do que é suficiente e do que é excessivo. Por isso, essas exigências devem ser avaliadas no caso concreto.

Se a avaliação da situação fática levar à conclusão de que o agente efetivamente se excedeu, dever-se-á verificar se o excesso foi culposo ou doloso.

Acerca da legítima defesa, é ainda importante mencionar que o legislador não a limita à proteção da vida ou da integridade física. Todos os bens jurídicos são passíveis de ser legitimamente defendidos, exigindo-se apenas que se verifiquem os requisitos legais para a excludente. Não há dúvida, por exemplo, de que poderá alegar legítima defesa a pessoa que, para se defender de um estupro, acaba matando seu agressor.

ESTADO DE NECESSIDADE

Tal como ocorre com a legítima defesa, no caso do estado de necessidade, o legislador também impõe diversas exigências para a sua verificação.

De fato, de acordo com o art. 24 do Código Penal, age em estado de necessidade aquele que pratica o ato para salvar de perigo atual, que não provocou por sua vontade, nem podia de outro modo evitar, direito próprio ou alheio, cujo sacrifício, nas circunstâncias, não era razoável exigir.

Vê-se de plano que o estado de necessidade só está presente quando há um perigo atual (e não uma possibilidade de perigo) que não fora causado pelo agente, sendo que esse mesmo agente não teria outra forma de evitar referido perigo a um direito seu ou de outrem. Um exemplo disso seria a situação daquele que, objetivando evitar que o fogo que tomou conta de uma floresta atinja uma casa de madeira, dentro da qual se encontrem crianças, derruba a árvore que liga o fogo à pequena casa. Ainda que o vegetal destruído pudesse ser protegido em uma situação de normalidade, e mesmo que sua destruição caracterize crime ambiental, na hipótese, nenhum delito se verificará, pois o agente sacrificou bem de menor valor para salvar bem de maior importância, no caso, a vida das crianças.

ESTRITO CUMPRIMENTO DO DEVER LEGAL E EXERCÍCIO REGULAR DO DIREITO

Essa atuação valorada, ou seja, conforme os valores arraigados em dada sociedade, também é encontrada na conduta daquele que age no estrito cumprimento do dever legal ou no exercício regular de um direito, previstos no art. 23, III, como causa de afastamento da antijuridicidade e, consequentemente, da tipicidade.

Com efeito, não seria razoável obrigar alguém a determinada ação e, ao mesmo tempo, incriminá-lo em razão dessa ação.

O policial que, diante da prática de um crime, realiza uma prisão em flagrante está cumprindo o seu dever legal, não sendo possível pretender puni-lo por abuso de autoridade, ou qualquer outro delito.

Igualmente, não seria lógico conceder a alguém um direito e, concomitantemente, puni-lo por exercer referido direito.

Por exemplo, sabendo-se que, na hipótese de invasão, o proprietário tem o direito de usar até mesmo a força para defender sua propriedade, não seria lógico puni-lo por coação ilegal, tendo em vista o fato de ele ter exigido que os invasores se retirassem.

No que diz respeito tanto ao estrito cumprimento do dever legal como ao exercício regular do direito, pune-se o excesso perpetrado pelo agente. Isso porque, havendo excesso, não se pode dizer que o cumprimento do dever legal foi ESTRITO ou que o direito foi exercido de modo REGULAR.

Um tema que merece estudo nessa seara está ligado ao direito/dever dos pais de educar os filhos. Muitas mudanças ocorreram nos últimos anos no que concerne às relações entre pais e filhos. Fazendo-se uma análise de julgados referentes a supostos excessos na correção de filhos, nota-se que as ações que, no passado, eram consideradas atípicas atualmente caracterizam maus-tratos e, não raras vezes, tortura.

Com efeito, em julgados mais antigos, quando um pai se excedia ao corrigir um filho, a defesa, em regra, alegava exercício regular de um direito (o direito de correção). Algumas vezes, alegava-se o estrito cumprimento do dever legal, pois a educação, em certa medida, pressupõe rigidez. Quando advinha uma condenação, na pior das hipóteses, falava-se no crime de maus-tratos, previsto no art. 136 do Código Penal.

Com as mudanças culturais e o advento da Lei de Tortura (Lei n. 9.455/97), as denúncias já deixaram de ser oferecidas pelo crime de maus-tratos. Passou-se a ser imputado o crime de tortura, sendo muito mais difícil afastar a imputação.

Por óbvio, ninguém tem o direito de espancar ou torturar outra pessoa, independentemente da relação existente entre as partes. Infelizmente, no Brasil, muitas crianças sofrem abusos de várias naturezas por parte dos pais e de outros parentes.

No entanto, deve-se tomar cuidado para, com o objetivo de refrear esses crimes, não se acabar coibindo completamente o espaço de liberdade das famílias para educarem seus infantes.

A esse respeito, é importante lembrar que a falta de limites também está diretamente relacionada a atos criminosos e violentos.

Pequenos castigos, leves palmadas estão fora do âmbito de proteção do direito penal, integrando o direito/dever dos pais de bem educar seus filhos.

Culpabilidade 11

Para ser considerada criminosa, não basta que uma ação seja típica e, portanto, antijurídica, é necessário que ela também seja culpável, reprovável.

Como já apontado, os adeptos do causalismo se contentavam com a verificação dos elementos objetivos do tipo para considerar presente a tipicidade e deixavam os elementos subjetivos, dolo ou culpa, para a culpabilidade.

Com o finalismo, dolo e culpa passaram a ser analisados como integrantes da tipicidade, como foi apontado anteriormente, em função de toda ação humana ser direcionada, ser final (ter um objetivo).

Ao considerar o dolo e a culpa integrantes da tipicidade, a culpabilidade, antes denominada psicológica, passou a ser normativa, entendendo-se culpável toda conduta típica que seja reprovável.

Considera-se uma conduta reprovável toda vez que, analisando-se a situação fática em que se encontrava o agente, se chega à conclusão de que lhe seria exigível uma conduta diversa.

A culpabilidade, portanto, passa a ser relacionada à exigibilidade de conduta diversa, tornando-se necessário consignar que essa exigibilidade deve ser avaliada, considerando-se, concretamente, o agente e não um homem médio fictício.

O critério da inexigibilidade de conduta diversa caracteriza um verdadeiro estado de necessidade exculpável, enquanto o que afasta a antijuridicidade e, consequentemente, a tipicidade recebe o nome de estado de necessidade justificante.

A diferença entre ambos está no balanceamento de bens envolvidos na situação concreta, ou seja, na comparação entre os bens sacrificados e os protegidos pelo autor.

Se o agente, como já visto, prefere sacrificar uma árvore para salvar crianças que se encontram no interior de uma casa prestes a arder em chamas, tem-se que preferiu sacrificar um bem menos importante para resguardar um bem mais caro à sociedade. Agiu em estado de necessidade justificante, sendo sua ação lícita e atípica.

Tome-se o exemplo de um agente que, após um naufrágio, divide uma tábua de salvação com outra pessoa e percebe que a tábua não será suficiente para aguentar o peso de ambos. Ele então decide afogar a outra pessoa, preferindo sacrificar a vida alheia para salvar sua própria vida. Diz-se que o agente se encontra em estado de necessidade exculpante. Para a sociedade, a vida dele não é mais nem menos importante que a do outro; no entanto, para o agente, sua vida tem valor muito maior que a do terceiro, não sendo possível exigir que ele se sacrifique em benefício de outrem. Aqui, o agente está em uma clara situação de inexigibilidade de conduta diversa.

Cumpre consignar que, muito embora a maior parte dos autores atualmente entenda que a culpabilidade é um dos elementos do crime, ainda há alguns que a tomam como mero pressuposto da pena.

Independentemente de se tomar a culpabilidade como elemento do crime ou como pressuposto da pena, tem-se que a ideia de centrar a aplicação da sanção penal na reprovabilidade do ato praticado constitui um grande avanço, pois representa a concretização do direito penal do fato, em contraposição ao direito penal de autor, que se baseia na suposta periculosidade do agente, o que sempre é uma presunção.

A culpabilidade e, portanto, a reprovabilidade da conduta (ação ou omissão) foram trazidas para o centro do direito penal no Brasil quando da reforma da Parte Geral do Código Penal, em 1984. Até então, o direito penal estava muito pautado na presunção de periculosidade.

Apesar dessa mudança legislativa e doutrinária, ainda presentemente muitos são os julgados que fazem menção à periculosidade no lugar da culpabilidade, sendo muito difícil o reconhecimento de inexigibilidade de conduta diversa.

A ausência de culpabilidade, por inexigibilidade de conduta diversa, quando alegada em sede de defesa, em regra, é afastada.

Esse tipo de discussão aparece muito nos acórdãos que tratam de crimes contra a ordem tributária e previdenciária, pois é comum que as sérias dificuldades financeiras inviabilizem o recolhimento dos tributos. No entanto, os tribunais costumam ser muito severos na análise dos fatos, não raras vezes aduzindo que somente sérios desastres naturais seriam suficientes para afastar a obrigatoriedade de se recolherem os tributos.

12 Imputabilidade

INIMPUTABILIDADE E SEMI-IMPUTABILIDADE

Como aduzido no primeiro capítulo desta parte, a punição penal tem como pressuposto uma ação humana que, por sua vez, pressupõe a imputabilidade; trata-se da capacidade de agir e não simplesmente de praticar um ato.

Como também se consignou no início desta segunda parte, a ação que interessa ao direito penal não é simplesmente causar o resultado (causalismo), também não é meramente causar o resultado querendo efetivamente lhe dar causa (finalismo).

A ação que interessa ao direito penal é aquela direcionada (final), que efetivamente leva a um resultado (dano ou colocação do bem jurídico em risco), com consciência do desvalor social da ação. Age aquele que a pratica sabendo que está ferindo e querendo ferir o valor tutelado pela norma penal.

Adotando-se a concepção social de ação, necessariamente, deve-se concluir, assim como fez Miguel Reale Júnior, que o inimputável não age, sendo, portanto, a imputabilidade um pressuposto da ação e não da culpabilidade.[1]

---

1 "A imputabilidade, portanto, não é pressuposto da culpabilidade, nem obstáculo à culpabilidade, mas dado distintivo da pessoa humana, razão pela qual constitui um pressuposto da ação, vista esta em decorrência de uma opção valorativa. O inimputável, nesse sentido, não age, pratica fatos". REALE JR., Miguel. *Instituições de direito penal*: Parte Geral, v. 1, p. 208.

Nos termos do art. 26 do Código Penal, é inimputável, isto é, impassível de ser punido criminalmente, o indivíduo que, por doença mental ou desenvolvimento mental incompleto ou retardado, ao tempo da ação ou da omissão, é incapaz de entender o caráter ilícito de seu ato ou de determinar-se de acordo com esse entendimento.

É interessante notar que o Código Penal define quem é inimputável, mas não quem é imputável.

Percebe-se também que o legislador pátrio preferiu adotar um critério misto para determinar a inimputabilidade. Não bastam a doença mental ou a incapacidade do sujeito de entender, no momento da ação ou da omissão, o caráter ilícito de seu ato ou de conduzir-se de acordo com esse entendimento; é necessário comprovar que a doença mental, ou o desenvolvimento mental incompleto, levou à incapacidade de entendimento ou à incapacidade de condução conforme o entendimento.[2]

Para que fique claro: uma pessoa que sofre de determinada doença mental será considerada inimputável se, no momento do crime, por exemplo, um homicídio, em razão da doença, desfere facadas na vítima, acreditando estar lutando contra um alienígena. Em outras palavras, a alucinação retirou-lhe a capacidade de entendimento.

No entanto, a pessoa será igualmente considerada inimputável se, apesar de saber que praticar sexo com crianças é crime, em razão de uma patologia, não consegue refrear o ímpeto de atacar crianças sexualmente, ou seja, o sujeito entende que está a praticar um crime, mas não consegue se controlar de acordo com tal entendimento.

A incapacidade parcial de entendimento da ilicitude ou de conduzir-se de acordo com esse entendimento acarreta a diminuição da pena. Seria uma hipótese de semi-imputabilidade.

Nos termos do art. 97 do Código Penal, os inimputáveis, com exceção dos menores de 18 anos, estão sujeitos à medida de segurança, que, como será estudado mais à frente, pode consistir em internação ou tratamento ambulatorial.

---

2 RAÚL ZAFFARONI, Eugenio; PIERANGELI, José Henrique. *Manual de direito penal brasileiro*: Parte Geral, p. 630. Os autores entendem a expressão "doença mental" ou, como preferem, "enfermidade mental" como um estado de "não saúde", um estado de desequilíbrio biopsíquico, que pode ser duradouro ou transitório. Consequentemente, os autores conferem maior amplitude ao conceito de inimputabilidade.

A esse respeito, a reforma da Parte Geral do Código Penal, datada de 1984, trouxe grande avanço ao adotar o sistema vicariante, segundo o qual os imputáveis sofrem pena e os inimputáveis são submetidos à medida de segurança. Ficou vedado o sistema do duplo binário, que vigorava anteriormente à reforma, de acordo com o qual o inimputável era primeiro submetido à medida de segurança e depois, quando curado, sofria a pena.

MENORIDADE

Os menores de idade (menores de 18 anos), por força do disposto no art. 228 da Constituição Federal, bem como no art. 27 do Código Penal, são considerados inimputáveis. Relativamente a eles, não se adotou um critério médico (incapacidade mental) nem psicológico (incapacidade de entendimento), mas normativo.

A inimputabilidade dos menores de 18 anos, além de garantida pela Constituição Federal e pelo Código Penal, também está prevista no art. 104 do Estatuto da Criança e do Adolescente (ECA – Lei n. 8.069/90).

Tendo em vista os altos índices de violência, principalmente urbana, passou a ser recorrente a discussão referente à diminuição da idade penal. Há diversos projetos de lei que propõem que a inimputabilidade fique limitada aos 16 anos, e existem propostas, inclusive, no sentido de que a idade limite seja menor.

Por outro lado, muitos são os estudiosos, nas mais diversas áreas, que se manifestam no sentido de que a inimputabilidade dos menores de 18 anos deve ser preservada, por se tratar de pessoas em desenvolvimento, que não têm condições de compreender a gravidade de seus atos.

Realmente, a idade penal não deve ser reduzida. Não obstante, pede-se vênia para discordar dos motivos que normalmente são adotados como alicerce de tal pretensão.

Em termos de compreensão da ilicitude do ato, praticamente nada diferencia o jovem de 18 anos do jovem de 16 ou 17 anos. Um rapaz ou uma moça de 16 anos são absolutamente capazes de compreender a ilicitude de um homicídio, por exemplo. No entanto, essa capacidade, associada à capacidade de conduzir-se de acordo com tal compreensão, não é suficiente para justificar a diminuição da idade penal.

Por questões de política criminal, a inimputabilidade deve permanecer para os menores de 18 anos,[3] os quais, aliás, deve-se lembrar, são submetidos às medidas socioeducativas (que, na verdade, são penas) previstas no ECA. Com efeito, nos termos de seu art. 103, "considera-se ato infracional a conduta descrita como crime ou contravenção penal", sendo certo que o art. 112 do mesmo diploma legislativo prevê um extenso leque de medidas socioeducativas, culminando na internação por até três anos.

É imperioso destacar que as medidas socioeducativas podem ser aplicadas a adolescentes já a partir dos 12 anos, ou seja, não existe a impunidade tão alardeada nos meios de comunicação.

Ademais, deve-se ainda consignar que os atos infracionais não são apenas aqueles comportamentos mais reprováveis previstos como crime. As condutas que implicam crime, quando perpetradas por um adulto, automaticamente caracterizam um ato infracional quando praticadas por um adolescente. Desse modo, a subtração de um brinquedinho pode ensejar a apresentação de um garoto de 12 anos à Vara da Criança e do Adolescente, perante a qual será processado e submetido à medida socioeducativa.

Note-se, portanto, que, a depender da conduta, o tratamento dispensado ao adolescente é até mais gravoso que o destinado aos adultos imputáveis. Insta, uma vez mais, asseverar que não existe a impunidade tão alardeada nos meios de comunicação.

A prática forense também evidencia que garantias muitas vezes asseguradas aos acusados adultos não são conferidas aos adolescentes aos quais se imputa a prática de ato infracional.

Aliás, não é raro os tribunais refutarem teses defensivas (de legítima defesa, estado de necessidade, erro, entre outras) sob a alegação de que diriam respeito à esfera penal, sendo certo que, no âmbito da Justiça Juvenil, o que importa é a proteção do representado.

Ora, isso chega a ser hilário, pois, para fins de caracterizar o ato infracional, a própria lei admite a equiparação com crime e contravenção penal; entretanto, quando se trata de defender, fica vedada qualquer alusão ao direito penal.

---

3 A esse respeito, aconselhamos a leitura de REALE JR., Miguel. *Instituições de direito penal*: Parte Geral, v. 1, p. 212; SHECAIRA, Sérgio Salomão. *Sistema de garantias e o direito penal juvenil*. ROSA, Alexandre Morais. *Introdução crítica ao ato infracional*: princípios e garantias constitucionais; e SPOSATO, Karyna Batista. *O direito penal juvenil*.

Entendo, firmemente, que a condição de pessoa em desenvolvimento haveria de ser levada em consideração também no momento de definir o ato infracional. Afinal, há condutas que, apesar de constituírem crimes para os adultos, são inerentes à infância e à adolescência. A título de exemplo, citam-se certas agressões, brincadeiras mais agressivas, pequenas apropriações e subtrações, entre tantas outras.

É preciso deixar bem claro que diminuir a idade penal não alcançará apenas aquelas situações mais gravosas, como a dos atos infracionais equiparáveis a estupros, homicídios e latrocínios, mas também as condutas inerentes ao próprio desenvolvimento, equivocadamente consideradas atos infracionais pela própria lei.

Diminuir a idade penal não resolveria o problema da violência, que, como apontado por Waiselfisz,[4] traz crianças e adolescentes muito mais na posição de vítimas que de autores.

Além de não resolver o problema da violência, a diminuição da idade penal levaria ao colapso do sistema carcerário, incapaz de atender aos comandos da Constituição Federal no sentido de que a pena deve ser cumprida de forma a não desrespeitar a dignidade humana.

Muito provavelmente, a redução da idade penal pioraria a questão da criminalidade, já que os adolescentes seriam igualados e, com certeza, misturados aos presos adultos, que, indubitavelmente, acabariam servindo como seus professores.

Além disso, não se pode deixar de considerar que, por estarem com o cérebro em formação, os adolescentes, encarcerados com e como criminosos, internalizariam (de maneira mais perene) a condição de "foras da lei". Seria muito mais difícil, como bem mostra a moderna psicologia comportamental, descondicioná-los do comportamento tomado como desviado.

Mais eficaz que o pleito de diminuição da idade penal seria procurar restringir o próprio conceito de ato infracional e, para aquelas condutas mais reprováveis, as quais haveriam de ser claramente definidas, admitir um tempo maior de internação.

De toda forma, mesmo nessa hipótese (de aumento do prazo de internação), haveria de se assegurar que os adolescentes jamais seriam misturados aos maiores de idade condenados pela prática de crimes.

---

4 *Mapa da violência III*: os jovens do Brasil. Juventude, violência e cidadania.

Um problema ainda não enfrentado diz respeito aos adolescentes que cometem atos infracionais em razão de doença mental, ou desenvolvimento mental incompleto ou retardado. Seria como uma dupla inimputabilidade. Atualmente, ainda não há estabelecimentos adequados para onde jovens doentes mentais que tenham praticado atos previstos como crime (atos infracionais) possam ser encaminhados a fim de obter tratamento. Também não há previsão legal sobre como proceder na hipótese de terminar o prazo de internação sem que o adolescente, por força da doença mental, tenha condições de ser colocado em liberdade.

Em razão da ausência de previsão legal e também de estabelecimento adequado, podem-se verificar duas situações, igualmente indesejáveis: ou o adolescente, findo o prazo de internação, é colocado em liberdade sem nenhuma condição para tanto, ou, o que se revela uma coação ilegal, ele é mantido internado em instituição que não atende às suas necessidades de saúde.

O ideal, com toda a certeza, seria que se providenciassem estabelecimentos de saúde para receber adolescentes acometidos por doença mental que venham a praticar atos infracionais em razão da doença.

No entanto, enquanto tais estabelecimentos não são construídos, sendo desaconselhável a simples liberação do adolescente acometido por doença mental uma vez cumprido o prazo da internação, deve-se retirá-lo do estabelecimento destinado ao cumprimento da medida socioeducativa e verificar a necessidade de encaminhamento a hospital para tratamento adequado, como ocorreria com qualquer outro doente, independentemente da prática do ato previsto como crime. O que não se revela razoável é mantê-lo internado (preso), em situação mais gravosa que a destinada a um adulto imputável.

A proposta de direcionar o adolescente doente mental a um estabelecimento de saúde apropriado para os cuidados cabíveis, salvo melhor juízo, está em consonância com o Sistema Nacional de Atendimento Socioeducativo (Sinase), instituído pela Lei n. 12.594/2012, cuja leitura ora se sugere. Esse sistema possibilita, inclusive, que tal encaminhamento ocorra durante o cumprimento da medida socioeducativa, tão logo seja constatada a doença mental.[5]

---

5 "Art. 64. O adolescente em cumprimento de medida socioeducativa que apresente indícios de transtorno mental, de deficiência mental, ou associadas, deverá ser avaliado por equipe técnica

Em suma, somos contrários à diminuição da idade penal, admitimos a elevação do prazo de internação para condutas mais reprováveis e entendemos necessário destinar maior atenção aos adolescentes acometidos por doença mental, bem como àqueles que já apresentam envolvimento com drogas.

EMOÇÃO, PAIXÃO E EMBRIAGUEZ

Ainda no que concerne à imputabilidade, tem-se que o legislador penal foi cauteloso ao deixar claro que a emoção e a paixão, por mais que possam comprometer o entendimento do caráter ilícito do ato, ou a capacidade de condução conforme tal entendimento, não excluem a imputabilidade.[6]

O legislador também foi cauteloso ao prever que a embriaguez, voluntária ou culposa, pelo álcool ou por substância de efeitos análogos, não acarreta a inimputabilidade, por mais comprometido que reste o entendimento do caráter ilícito do ato ou por mais que a embriaguez comprometa a capacidade do agente de se portar de acordo com esse entendimento.

Podem ser consideradas voluntária aquela embriaguez objetivada pelo agente, e culposa aquela que ele não planejou.

É importante deixar claro que os termos "voluntária" e "culposa" dizem respeito à embriaguez propriamente dita, e não ao ato criminoso praticado pelo sujeito embriagado.

---

multidisciplinar e multissetorial. § 1º As competências, a composição e a atuação da equipe técnica de que trata o *caput* deverão seguir, conjuntamente, as normas de referência do SUS e do Sinase, na forma do regulamento. § 2º A avaliação de que trata o *caput* subsidiará a elaboração e execução da terapêutica a ser adotada, a qual será incluída no PIA do adolescente, prevendo, se necessário, ações voltadas para a família. § 3º As informações produzidas na avaliação de que trata o *caput* são consideradas sigilosas. § 4º Excepcionalmente, o juiz poderá suspender a execução da medida socioeducativa, ouvidos o defensor e o Ministério Público, com vistas a incluir o adolescente em programa de atenção integral à saúde mental que melhor atenda aos objetivos terapêuticos estabelecidos para o seu caso específico. § 5º Suspensa a execução da medida socioeducativa, o juiz designará o responsável por acompanhar e informar sobre a evolução do atendimento ao adolescente. § 6º A suspensão da execução da medida socioeducativa será avaliada, no mínimo, a cada 6 (seis) meses. § 7º O tratamento a que se submeterá o adolescente deverá observar o previsto na Lei n. 10.216, de 6 de abril de 2001, que dispõe sobre a proteção e os direitos das pessoas portadoras de transtornos mentais e redireciona o modelo assistencial em saúde mental. § 8º (Vetado.) Art. 65. Enquanto não cessada a jurisdição da Infância e Juventude, a autoridade judiciária, nas hipóteses tratadas no art. 64, poderá remeter cópia dos autos ao Ministério Público para eventual propositura de interdição e outras providências pertinentes".

6 A esse respeito, cabe aduzir que o legislador previu, no art. 65, III, *c*, do Código Penal, que a prática de crime sob a influência de violenta emoção, provocada por ato injusto da vítima, atenua a pena.

Se a pessoa saiu com o objetivo de beber até ficar embriagada, fala-se em embriaguez voluntária. Se foi a uma festa e, ainda que sem planejar ficar embriagada, acabou bebendo mais do que deveria, fala-se em embriaguez culposa.

Ambas as situações diferem da chamada embriaguez preordenada, prevista no art. 61, II, *l*, do Código Penal, como uma das circunstâncias que sempre agravam a pena.

Preordenada é a embriaguez buscada pelo agente com o objetivo de tomar coragem, "perder os freios" e praticar determinado delito. Aqui, mais que se embebedar, o agente, ao beber, queria praticar um crime.[7]

Apenas a embriaguez proveniente de caso fortuito ou força maior, que torne o agente incapaz de entender o caráter ilícito de sua ação ou de conduzir-se de acordo com o entendimento de tal ilicitude, implica inimputabilidade. A embriaguez por caso fortuito seria aquela decorrente da ingestão de substância passível de gerar a embriaguez sem o conhecimento do agente, ou seja, a pessoa bebe sem saber o que está bebendo. Já a embriaguez causada por força maior se verificaria quando o sujeito é forçado a beber.

A Lei de Drogas (Lei n. 11.343/2006), ao contrário da Parte Geral do Código Penal, já admite que a dependência do álcool ou de outra substância entorpecente seja equiparada a doença mental. É certo que o agente será submetido à medida de segurança ou, como prescrito no art. 45, parágrafo único, da Lei n. 11.343/2006, a tratamento adequado, se, em razão dessa dependência, ele não tinha, à época da ação ou omissão, como entender o caráter ilícito de seu ato ou não era capaz de comportar-se de acordo com tal entendimento.

Apesar dessa previsão da legislação especial, a aplicação de tratamento adequado a esses casos ainda é muito incipiente.

Aliás, na contramão do que seria aconselhável, até para fins de preservar a segurança pública, os presos que apresentam problemas com drogas nunca recebem tratamento de saúde para esse fim, e é muito comum que, após serem libertados, voltem a delinquir com o fim de conseguir dinheiro para adquirir drogas.

---

[7] Percebe-se o risco de, no Tribunal do Júri, ser alegado que o réu praticou um homicídio em razão de estar alcoolizado, não podendo ser responsabilizado. Isso porque, não sendo a embriaguez causa de inimputabilidade, corre-se ainda o risco de a acusação evidenciar que a embriaguez foi preordenada, agravando-se a pena.

Assim, sendo ou não o autor de um crime considerado inimputável em razão da dependência de drogas, o ideal seria que o Estado investisse no tratamento dessa dependência, não só por questões de saúde pública, mas também por questões de segurança pública.

INDÍGENAS

Conforme já manifestado em duas oportunidades anteriores,[8] muito embora respeite os autores que tratam a questão indígena à luz da imputabilidade, entendo que tal perspectiva desmerece o fato de as diferenças não serem de ordem mental, mas cultural. Por tal razão, mais adiante, ao tratarmos do erro quanto à ilicitude, falaremos da situação do indígena.

---

8 PASCHOAL, Janaina Conceição. "O índio, a inimputabilidade e o preconceito", p. 81-91; "Infanticídio indígena: novos velhos discursos", *Revista Criminal, ensaios sobre a atividade policial*, ano 05, v. 14, maio/ago-2011. p. 57-68.

Relação de causalidade | 13

Para que seja possível atribuir determinado resultado a alguém (morte, lesão corporal, dano ao patrimônio alheio etc.), o mínimo que se pode exigir é que esse alguém tenha, mediante uma ação, como visto, livre, final e contrária aos valores sociais, dado causa a esse resultado.

Nesse sentido, dispõe o art. 13 do Código Penal que "o resultado, de que depende a existência do crime, somente é imputável a quem lhe deu causa", considerando-se causa "a ação ou omissão sem a qual o resultado não teria ocorrido". Trata-se da teoria da equivalência das condições.

A leitura da primeira parte do dispositivo poderia fazer o estudante incorrer no erro de responsabilizar, de forma ilimitada e infinita, todas as pessoas que, de alguma maneira, tenham colaborado para a consecução do resultado. Correr-se-ia o risco, por exemplo, de pretender responsabilizar, criminalmente, o comerciante que, de modo lícito, vendeu um revólver a alguém que, mais tarde, utilizou a arma para matar seu cônjuge. Ou, o que seria ainda mais absurdo, punir a mãe de um homicida por tê-lo colocado no mundo.

No entanto, ao remeter a ideia de causa à ação ou à omissão, que, como já visto, deve ser final e valorada, o legislador limita a gama de responsáveis por determinado resultado.

Além de o legislador pátrio haver limitado o retorno ao infinito que a teoria da equivalência das condições permite, relacionando a ideia de causa à ação ou à omissão, também limitou as possibilidades de responsabilização ao estatuir, no § 1º do art. 13, que a superveniência de causa relativamente independente que, por si só, provocou o resultado exclui a imputação, atribuindo-se os atos anteriores a quem os praticou.

Com efeito, com essa previsão, o legislador evita que resultados causados por condições independentes, ainda que relativamente, sejam atribuídos aos autores de ações antecedentes.

Trata-se, por exemplo, da hipótese de Caio causar ferimentos moderados em Tício, que, em razão disso, vem a ser hospitalizado e, posteriormente, morre por causa de um incêndio que atingiu o hospital.

Nessa hipótese, se não houvesse a previsão de que a causa relativamente independente exclui a imputação do resultado, poder-se-ia pretender atribuir a Caio a responsabilidade pela morte de Tício, quando, na verdade, ele só deve responder pelos ferimentos que a este causou.

É certo que, se Caio não houvesse agredido Tício, ele não precisaria ser hospitalizado. É certo também que, se não tivesse sido hospitalizado, Tício não teria morrido em um incêndio. Não obstante, o incêndio que atingiu o hospital em que Tício se encontrava não guarda nenhuma relação com as ações de Caio, não sendo sequer razoável atribuir-lhe o resultado morte.

Ainda no que diz respeito à relação de causalidade, é importante consignar que, mais e mais, vem ganhando relevo entre os penalistas brasileiros a teoria da imputação objetiva,[1] não contemplada pelo Código Penal pátrio, que, como já se propugnou, adota a teoria da equivalência das condições.

Apesar de haver outras teorias que tratam da causalidade, é necessário falar da teoria da imputação objetiva, seja em razão da polêmica que envolve a matéria, seja em decorrência de a criminalidade econômica e a criminalidade considerada organizada serem, cada vez mais, lembradas como justificativa para a adoção de tal teoria.

A imputação objetiva, diversamente das teorias que tentam explicar a causalidade, não se preocupa em identificar o que, e consequentemente quem, deu causa a determinado resultado, mas sim em estabelecer a quem esse resultado pode ser imputado. Trata-se de uma mudança completa de foco.

A teoria da imputação objetiva funda-se na ideia de que um resultado pode e deve ser atribuído às pessoas que, com seu comportamento, criaram ou incrementaram o risco de sua ocorrência. Ela vem ganhando adeptos por facilitar a atribuição de responsabilidade na criminalidade moderna, como

---

1 Aos estudantes que pretenderem se aprofundar na matéria, aconselhamos a leitura de CHAVES CAMARGO, Antônio Luís. *Imputação objetiva e direito penal brasileiro*.

é o caso dos grandes danos ecológicos e econômicos, dificilmente atribuíveis aos seus autores pelas regras da causalidade.

A teoria da imputação objetiva também facilita a atribuição de responsabilidade penal nos casos de ilícitos praticados por organizações criminosas.

Com efeito, pela teoria da equivalência das condições, adotada pelo Código Penal pátrio, ficaria difícil atribuir ao chefe de uma organização criminosa um homicídio praticado por um dos integrantes da organização, sem o conhecimento do chefe.

Adotando-se a teoria da imputação objetiva, pode-se responsabilizar o chefe da organização pela morte, ainda que praticada sem o seu conhecimento, bastando evidenciar que as regras por ele impostas aos membros da organização permitiam aquela execução.

Assim, se o chefe de uma organização criminosa cria regra segundo a qual devem ser mortos os magistrados que neguem benefícios aos integrantes da organização, vindo um juiz a falecer em razão dessa regra, sua morte poderá ser atribuída ao chefe, ainda que aquela morte específica tenha sido perpetrada sem o seu conhecimento.

Cremos que as regras que informam a imputação objetiva deveriam servir como mais um elemento a ser verificado quando da atribuição de um resultado típico a alguém, não sendo, no entanto, suficientes para a responsabilização, na hipótese de o nexo de causalidade não restar claro.

Ou seja, o simples incremento (aumento) do risco não poderia servir de justificativa para a atribuição de responsabilidade para a imputação do resultado. Ao contrário, estando presente o nexo de causalidade, antes de se imputar um resultado a alguém, poder-se-ia até checar se esse alguém não teria, com a ação que deu causa ao resultado, diminuído ou, pelo menos, tentado diminuir o risco de sua ocorrência.

Quando começamos a estudar direito penal, em 1992, poucos eram os trabalhos e juristas que se dedicavam a falar e escrever sobre a imputação objetiva. Com a popularização de tal teoria, tem-se verificado uma indevida desvalorização do nexo de causalidade, o que gera injustiças e insegurança jurídica.

É bem verdade que o nexo causal, isoladamente, não é suficiente para ensejar a atribuição de responsabilidade penal por determinado resultado; entretanto, atribuir responsabilidade na ausência desse nexo de causalidade constitui coação ilegal.

OMISSÃO

No art. 13, desta feita no § 2º, do Código Penal, o legislador cuidou da suposta relação de causalidade nas hipóteses de omissão.

Existem dois grandes grupos de crimes omissivos: um deles recebe o nome de crimes omissivos próprios; e o outro, de crimes omissivos impróprios ou comissivos por omissão.[2]

Os crimes omissivos próprios são aqueles relativos a tipos penais elaborados na forma omissiva. Melhor explicando, o verbo do tipo já evidencia um deixar de fazer.

O crime de omissão de socorro, previsto no art. 135 do Código Penal, constitui um exemplo de crime omissivo próprio. O verbo que integra o tipo já evidencia uma omissão (*deixar* de prestar...).

Os crimes omissivos impróprios ou comissivos por omissão são aqueles cujo tipo penal admite tanto uma realização ativa (mediante uma ação) como uma omissiva (mediante uma omissão), mas o verbo aparece como uma ação.

Quando, no art. 121, o Código Penal pune a conduta de matar alguém, imediatamente vêm à mente do intérprete situações nas quais, por meio de ações, o autor dá causa à morte da vítima (por exemplo, mediante disparo de arma de fogo, golpes de faca, administração de veneno etc.).

No entanto, mesmo não sendo o mais corriqueiro, não é impossível causar, ou pelo menos deixar de evitar, a morte de alguém por meio de uma omissão, de uma não ação, como no caso de uma mãe que deixa de alimentar um bebê recém-nascido e dá causa à sua morte.

Os crimes omissivos próprios podem ser praticados por qualquer pessoa imputável. Já os omissivos impróprios ou comissivos por omissão somente são praticáveis por pessoas que se encontrem em situação penalmente relevante, tecnicamente tratadas por condição de garante, ou de garantidor.

É dessa relevância que trata o § 2º do art. 13 do Código Penal, portanto, o estatuído nesse dispositivo somente se aplica aos crimes omissivos impróprios.

Nos termos do parágrafo em referência, responde pelo resultado aquele que devia e podia agir para evitá-lo e não o fez, ficando esse dever restrito a quem tem por lei obrigação de cuidado, proteção ou vigilância; ou, de

---

[2] Crime omissivo impróprio é sinônimo de crime comissivo por omissão.

qualquer forma, assumiu a responsabilidade de impedir o resultado; ou, mediante ação anterior, criou o risco de o resultado ocorrer.

Nos primeiros dois casos, os autores dos crimes omissivos impróprios, por força de lei ou de ajuste, encontram-se em posição de garante (pais em relação aos filhos, enfermeiro em relação ao doente, salva-vidas em relação aos banhistas, bombeiro em relação às pessoas que se encontram no incêndio, babá em relação ao bebê etc.).

Por exemplo, se, em um clube, uma senhora se responsabiliza por cuidar do filho de uma amiga enquanto ela vai ao toalete, vindo a criança a cair na piscina, tem-se que a senhora que se responsabilizou por sua segurança tem o dever de evitar o afogamento, ou seja, tem o dever de impedir o resultado morte, podendo responder por homicídio culposo se não o fizer. Um terceiro que não se encontra em posição de garante poderia, no máximo, responder por omissão de socorro.

Como dito, também tem o dever de agir aquele que, por seu comportamento anterior, criou o risco da ocorrência do resultado. Seria a hipótese de alguém, com o intuito de fazer uma brincadeira, empurrar outra pessoa para dentro de uma piscina e, ao descobrir que essa pessoa não sabe nadar, deixar de socorrê-la. No caso, o autor do empurrão responderia por homicídio culposo, pois ele tinha o dever de evitar como resultado a morte.

Percebe-se daí que, não se encontrando o agente em posição de garante e não tendo causado o perigo do resultado, não será possível falar em crime omissivo impróprio. Assim, não responde por homicídio alguém que, não sabendo nadar, deixa de tentar salvar uma pessoa que está se afogando em uma piscina.

No livro *Ingerência indevida: os crimes comissivos por omissão e o controle pela punição do não fazer*, procuramos chamar a atenção para o fato de, paulatinamente, estar aumentando, no direito penal, a atribuição de responsabilidade a título de omissão. Antes, a responsabilidade pelos crimes comissivos por omissão era muito limitada, restrita aos casos clássicos da babá, do bombeiro e do salva-vidas. Mesmo no universo forense, julgados relativos a tais situações eram raros.

Atualmente, sobretudo no campo da atividade econômica, nota-se uma tendência de exigir das pessoas que fiscalizem as outras, que evitem os crimes das outras, sob pena de responderem criminalmente pelo resultado, ainda que não o tenham pretendido, ainda que não lhe tenham dado causa. Esses exemplos são fartos no que tange ao crime de lavagem de dinheiro e aos crimes ambientais.

Para os limites deste trabalho, não cabe repetir todas as preocupações constantes de *Ingerência indevida*. No entanto, cumpre chamar atenção para o fato de o direito penal ter nascido para coibir as pessoas de praticarem o mal, e não para obrigarem-nas a ser solidárias. Para tal fim, há a ética, a moral, as religiões.

Mudar o foco do direito penal de quem faz o mal para quem deixa de praticar o bem constitui caminho certo para o autoritarismo.

A responsabilidade penal a título de omissão deve ser reduzida, e, por óbvio, para punir alguém por não fazer, é necessário verificar todos os requisitos que seriam exigíveis para punir por ação, inclusive o elemento subjetivo, pois não se pode presumir o dolo.

A responsabilidade penal por omissão não pode ser automática, como se tem observado na atualidade, inclusive na atividade médica.

A esse respeito, insta notar que, quando ocorre um evento infeliz, mesmo que não tenha nenhuma relevância penal, sempre é possível pensar em algo que poderia ter sido feito.

Pense-se, por exemplo, em um idoso, cardíaco e fumante, que vem a morrer em decorrência de um ataque cardíaco. Os familiares, mesmo não tendo nenhuma culpa pelo ocorrido, poderão pensar que deveriam tê-lo obrigado a ir ao médico, ou incentivado a se alimentar melhor, a deixar de fumar, e assim por diante. Em outras palavras, sempre é possível pensar em alguma atitude que poderia ter sido tomada.

Quando se migra para o direito penal, o raciocínio não é diferente, sendo essa amplitude de possibilidades que faz exigir que a atribuição de responsabilidade penal a título de omissão seja mais criteriosa que a atribuição de responsabilidade decorrente da ação.

No que tange aos crimes omissivos impróprios, cabe mencionar que a teoria da imputação objetiva determina que o resultado seja atribuído àquele que não agiu para diminuir o risco de sua ocorrência, facilitando ainda mais a atribuição de responsabilidade penal.

14
Crime consumado, crime tentado e crime impossível

Nos termos do art. 14 do Código Penal, considera-se consumado o crime que reúne todos os elementos de sua definição legal e tentado o que teve iniciada a sua execução, mas não se consumou por circunstâncias alheias à vontade do agente. O crime tentado recebe a punição do consumado, diminuída de um a dois terços.

Se alguém desfere golpes de faca contra uma pessoa até matá-la, fala-se em homicídio consumado. Mas, se esse mesmo alguém desfere golpes de faca contra a vítima, visando a causar a sua morte, e não consegue alcançar o seu intento graças à chegada da polícia, tem-se um homicídio tentado.

Deve-se tomar cuidado para não cair no erro de falar em "tentativa de crime" (tentativa de estupro, tentativa de homicídio, tentativa de roubo etc.), pois, na verdade, o que se tem é um crime tentado (estupro tentado, homicídio tentado, roubo tentado etc.). A tentativa já é um crime.

O que diferencia o crime consumado do crime tentado é a consecução do objetivo buscado. Em ambos está presente a intenção (elemento subjetivo); nos dois casos, houve atos executórios, ou seja, a exteriorização daquela intencionalidade.

Aliás, no que concerne a essa exteriorização, cumpre atentar para não cair no equívoco de pretender punir os chamados atos preparatórios. Com efeito, se alguém pretende ou planeja matar uma pessoa, antes mesmo de iniciar a execução, pode adotar medidas que, de forma indireta, já evidenciam a sua intenção. Por exemplo, objetivando criar um cenário para o crime, pode convidar a vítima para um jantar a dois, pode comprar uma arma ou adquirir veneno e contratar uma pessoa para colocar a substância na bebida da vítima durante o jantar.

Pois bem, ainda que o potencial assassino tenha comprado o veneno, contratado a pessoa e convidado a vítima para o jantar, não necessariamente colocará em prática seu plano.

Isso quer dizer que todos esses atos são considerados preparatórios, que não são punidos em razão de o direito penal democrático exigir, para justificar a punição penal, que o bem jurídico protegido seja, pelo menos, colocado em risco.

Em um Estado Democrático de Direito, as pessoas têm direito à liberdade de pensar, por mais abjeto que seja tal pensamento. Admitir a punição de meros planos ou de atos preparatórios implicaria abrir mão do direito penal baseado no fato, retornando-se a um direito penal de autor, fundado em um juízo de periculosidade. Justamente por fundar-se na proteção de bens jurídicos, o direito penal pátrio prevê uma pena menor para o crime tentado.

O que se pune não é a intencionalidade, mas o dano ou o perigo concreto que se causou ao bem jurídico protegido. Por isso, nos termos do art. 17 do Código Penal, não se pune o crime impossível, aquele que não se verifica por ineficácia absoluta do meio ou por absoluta impropriedade do objeto.

Já no primeiro ano de estudo do Direito, é comum ouvir a frase: "ninguém pode matar um morto". Isso se explica pelo fato de não haver o bem jurídico vida a proteger. Por mais que alguém dispare contra um cadáver, acreditando-o vivo, não terá sua conduta punida como homicídio, nem sequer como homicídio tentado.

O fundamento para a punição de qualquer delito, consumado ou tentado, é a efetiva causa de dano ou colocação em perigo do bem jurídico tutelado.[1]

O estudo do crime impossível é importante para evidenciar a complexidade de nossa matéria. Isso porque, do mesmo modo que não há crime sem intenção, apesar de haver objeto material e até resultado, não há crime quando está presente a intenção, mas ausente o objeto material.

---

1 Para discutir essa necessidade de causação efetiva de dano ou colocação em perigo, aconselho o estudante a assistir ao filme *Minority report*. Apesar de se tratar de uma ficção leve e divertida, pode servir de base para reflexões acerca do perigo que representa opor a segurança do indivíduo à segurança coletiva e quanto vale a pena preferir aquela a esta, sobretudo quando se pretende viver em um Estado Democrático de Direito.

15
Desistência voluntária, arrependimento eficaz e arrependimento posterior

Como já visto, para que se caracterize o crime tentado, é necessário que, tendo-se iniciado sua execução, não haja consumação por circunstâncias alheias à vontade do agente. Essas circunstâncias podem ser tanto a interferência de um terceiro como a simples não verificação do resultado almejado, não obstante a utilização de todos os meios necessários para a consecução do fim pretendido. Por exemplo: alguém descarrega uma arma em determinada pessoa, que, apesar de ter recebido todos os disparos, inclusive em áreas fatais, sobrevive. Esse tipo de situação, em que todos os meios são utilizados pelo agente, ou seja, ele não é interrompido, e ainda assim o resultado não se verifica, costuma ser denominado crime falho.

No entanto, podem existir situações em que, iniciada a execução do crime, o resultado primeiramente almejado não se verifica por iniciativa do próprio agente, que interrompe os atos executórios ou, tendo-os realizado por completo, intervém para a não ocorrência do resultado.

Quando o agente interrompe os atos executórios ou, como prefere o legislador,[1] desiste de prosseguir na execução, fala-se em desistência voluntária. Quando, apesar de ter executado o delito em sua totalidade, o agente impede que o resultado se verifique, levando, por exemplo, a vítima ao hospital, fala-se em arrependimento eficaz. Eficaz justamente em razão de ter sido suficiente para impedir o resultado danoso.

---

1 Ver art. 15 do Código Penal.

Tanto na hipótese de desistência voluntária quanto na de arrependimento eficaz, o agente responde pelos atos praticados. Isso quer dizer que, se de início pretendia matar, mas evitou que o resultado morte ocorresse, será punido pelas lesões que causou, mas não pelo homicídio tentado.

Miguel Reale Júnior observa que a desistência voluntária e o arrependimento eficaz constituem a destipificação da tentativa. Enquanto esta se verifica com a não ocorrência do resultado por razões alheias à vontade do agente, aqueles ocorrem quando o resultado não se verifica graças à vontade do agente.[2]

É importante deixar claro que os motivos que levaram o agente a desistir ou a se arrepender de forma eficaz são irrelevantes, ou seja, não importa se o agente desistiu de praticar o estupro em razão de haver pensado na dor física e moral da vítima ou se não perpetrou o delito em razão de ter constatado que a vítima estava menstruada.

Os motivos íntimos que orientaram a decisão do autor têm importância apenas sob o ponto de vista moral e/ou religioso; para o direito penal, interessa que o bem jurídico tutelado não tenha sido lesado. Ademais, cumpre lembrar que o legislador não impôs nenhuma exigência nesse sentido, não sendo cabíveis, em sede de direito penal, interpretações extensivas prejudiciais ao imputado.

O Código Penal prevê ainda, em seu art. 16, outra forma de arrependimento, ou seja, o arrependimento posterior.

O arrependimento posterior é cabível para os crimes cometidos sem violência ou grave ameaça à pessoa, funcionando como causa de diminuição de pena.[3] O instituto se aplica sempre que, anteriormente ao recebimento da denúncia ou queixa, o agente restitui a coisa ou repara o dano.

O arrependimento posterior não gera muitas polêmicas, devendo-se apenas enfatizar que, presentes os requisitos legais, o magistrado deve (e não só pode) diminuir a pena.[4]

---

2 REALE JR., Miguel. *Teoria do delito*, p. 202-3.
3 De 1/3 a 2/3.
4 Uma discussão teórica interessante, que poderia se estabelecer no que se refere a essa matéria, diz respeito ao fato de o pagamento da dívida tributária, nos crimes tributários, implicar a extinção da punibilidade e a devolução da coisa furtada dar causa somente à diminuição da pena.

Crime doloso e crime culposo 16

Como aduzido anteriormente, o tipo penal – portanto, o crime – pressupõe uma intencionalidade.

Nos termos do art. 18 do Código Penal, quanto ao elemento subjetivo, os crimes podem ser de dois tipos: dolosos e culposos.

Diz-se crime doloso sempre que o agente atua querendo o resultado ou assumindo o risco de produzi-lo.

Quando o agente, desde o início, busca o resultado delituoso, trata-se de dolo direto. Por outro lado, quando, apesar de não objetivar o resultado, o indivíduo age sabendo que há grande possibilidade de ele ocorrer, fala-se em dolo eventual.

Cada vez mais, em situações de prática de crimes culposos, tem-se acusado pessoas da prática de crimes dolosos, sob o fundamento de que se trataria de dolo eventual. Muitas vezes, esse tipo de imputação acaba tendo lugar em períodos em que se repetem determinadas ocorrências, como as mortes acarretadas por corridas de automóveis conhecidas como "rachas".

Parte-se do pressuposto de que a grande previsibilidade do resultado (ferimento ou morte) em um racha faz crer que o motorista assumiu o risco de produzi-lo, não se importando com essa possibilidade, o que, na verdade, é uma presunção. Por mais reprovável que seja esse tipo de atividade, tem-se que aquele que se envolve com isso busca apenas se divertir, acreditando que nada acontecerá. É a situação típica dos crimes culposos, como se verá a seguir.

Por se tratar de uma presunção e por implicar maior punição que a prevista para os delitos culposos, seria interessante pensar no abandono do instituto do dolo eventual.

Os crimes, por regra, são dolosos, ou seja, ao agir, o autor busca o resultado. Assim, toda vez que o legislador prevê uma conduta delituosa, deve-se saber que aquele delito pressupõe o dolo, que deverá ser provado no caso concreto. Ou seja, somente será admitida a punição se for verificado que o autor realmente quis o resultado.

Tal como está previsto no parágrafo único do art. 18 do Código Penal, apenas quando expressamente estipulado por lei se pode admitir a punição por determinado crime a título de culpa.

Pense no delito de dano, previsto no art. 163 do Código Penal. Quando o legislador comina a pena de detenção de 1 a 6 meses para quem "destruir, inutilizar ou deteriorar coisa alheia", não é preciso esclarecer que a conduta somente se pune a título de dolo, pois essa é a regra. Mas, tendo em vista o fato de o legislador não haver previsto a possibilidade de dano culposo, tem-se que, ainda que alguém efetivamente destrua ou inutilize algo alheio, não haverá punição se o agente não pretendeu tal destruição ou inutilização. Seria o caso, por exemplo, de pisar, sem querer, nos óculos de uma pessoa, quebrando-os.

O crime é culposo quando, havendo previsão legal dessa modalidade de delito, o agente deu causa ao resultado por imprudência, negligência ou imperícia, que seriam as três formas de culpa.

Na verdade, existem apenas duas formas de culpa, a imprudência e a negligência, podendo-se falar em imperícia quando qualquer uma dessas formas for praticada por um profissional em seu âmbito de atuação.

Assim, se um médico, ao operar um paciente, é imprudente ou negligente, fala-se em imperícia. Da mesma forma, se um motorista profissional, ao guiar, causa um acidente por ser imprudente, fala-se em imperícia. No entanto, se a imprudência do médico se verificou ao volante, não há que lhe atribuir imperícia, já que o ato de dirigir não integra sua profissão.

A imprudência está relacionada ao desrespeito ao dever de cuidado.

Como dito anteriormente, no dolo eventual o agente não quer o resultado, mas assume o risco de produzi-lo, isto é, apesar de não o querer, não se importa com a possibilidade de causá-lo ("não quero, mas, se acontecer, tudo bem"). No caso da imprudência, o agente não só não quer o resultado como acredita que ele não ocorrerá.

O motorista que desrespeita as normas de trânsito, excedendo, por exemplo, a velocidade permitida, via de regra, não quer atropelar alguém, também não acha que, se atropelar, estará tudo bem. Na verdade, ao guiar em velocidade excessiva, o motorista imprudente acredita em suas habilidades e crê que não causará acidentes. Ao causar, responde pelo resultado, a título de culpa.

Para que a imprudência se verifique, é ainda necessário que o resultado, nas circunstâncias fáticas, seja previsível. Não basta ser possível, pois até mesmo o mais absurdo dos acontecimentos, no limite, é possível (por mais bem alicerçada que esteja uma casa, ela pode vir a cair durante uma tempestade de força jamais vista). A previsibilidade está relacionada a uma grande probabilidade de ocorrência de determinado resultado, como consequência do desrespeito ao dever de cuidado.

Assim, mesmo que se verifique que um motorista havia excedido a velocidade permitida em determinada via de trânsito rápido, vindo a atropelar alguém, não necessariamente ele responderá pela morte do transeunte.

Com efeito, encontrando-se a via em zona não residencial ou comercial, tendo o atropelamento ocorrido em período noturno e havendo o transeunte cruzado a via de forma abrupta, em local proibido, praticamente atirando-se sobre o veículo, tem-se que, por mais que o motorista estivesse desrespeitando o dever de cuidado (de observar a velocidade máxima), ele não agiu com culpa.

Cumpre esclarecer que não se trata de uma compensação de culpas. Não é porque o transeunte foi descuidado que o motorista não agiu com culpa. Na verdade, o motorista não responde porque não era previsível que, durante a noite, em via totalmente desabitada, alguém viesse a cruzar a estrada de forma inadvertida. Sempre é possível, mas não era provável. É necessário tomar cuidado para não reduzir a culpa a mero descumprimento de normas administrativas.

Além do desrespeito ao dever de cuidado e da previsibilidade do resultado, a culpa somente se caracteriza se o resultado for passível de ser evitado pelo agente. Não é, portanto, razoável tecer elucubrações como: "Oh, se ele não tivesse decidido viajar naquele dia, não teria passado por aquela via, portanto, não teria atropelado aquela pessoa, assim, poderia ter evitado o resultado". Esse raciocínio é permitido no campo pessoal, não na esfera penal. Permitir a responsabilização criminal com base nesse tipo de silogismo significa consagrar um causalismo puro.

Pois bem, a imprudência, como visto, pressupõe uma ação descuidada, um consciente desrespeito ao dever de cuidado (culpa consciente), em outras palavras, o agente sabe que está sendo ousado, mas crê que nada acontecerá.

Já a negligência (culpa inconsciente) se refere àquelas situações em que a pessoa nem sequer percebe que está deixando de observar o dever de cuidado, como quando alguém, após tomar remédio, distrai-se ao atender a um telefonema e deixa o frasco ao alcance de uma criança.

É importante consignar que a caracterização da negligência também está condicionada à previsibilidade e à possibilidade de evitar o resultado.[1]

Existem ainda delitos que são denominados "qualificados pelo resultado". O art. 19 do Código Penal fala em agravação da pena pelo resultado. Constitui exemplo desse tipo de crime a lesão corporal, capitulada no art. 129, § 3º, do Código Penal. Pois bem, o importante é apontar que, nesses casos, o resultado que agrava a punição somente poderá ser atribuído ao agente se houver sido por ele causado, pelo menos, a título de culpa, o que implica dizer que esse resultado há de ser previsível e evitável.

Assim, se o agente, querendo ferir, portanto com dolo de causar lesão corporal, dá um soco na vítima que, por estar próximo de uma janela, vem a cair e a morrer, responde por lesão corporal seguida de morte, pois teve dolo na lesão e culpa no resultado morte, já que a queda era previsível (muito provável) e poderia ter sido evitada.

Por outro lado, se o autor desfere um soco na vítima sem saber que se trata de pessoa hemofílica e esta vem a falecer em razão dos ferimentos, não é possível atribuir-lhe o resultado morte.

Com o fortalecimento da teoria da imputação objetiva, que, como visto, é centrada completamente no risco de produzir determinado resultado, tem-se que, crescentemente, comportamentos que seriam considerados culposos, quer a título de imprudência, quer a título de negligência, passam a ser tratados como dolosos, dada a equivocada ideia de que o resultado pode ser imputado a alguém, se restar comprovada a criação, o incremento ou a não diminuição do risco.

---

1 Durante suas aulas na Faculdade de Direito do Largo de São Francisco, o saudoso Professor Antonio Luís Chaves Camargo costumava chamar a atenção dos alunos para a necessidade de recorrer à teoria da imputação objetiva (criação ou incremento do risco) para caracterizar a culpa inconsciente, entendendo ser impossível que as teorias da causalidade evidenciam esse tipo de culpa.

Apesar de indesejável, existe uma lógica cruel nesse cenário, pois, se o risco passa a ser o centro do sistema penal, o dolo eventual (que também se funda na assunção de risco) finda, transformando-se em regra.

Para continuarmos em um Estado Democrático de Direito, faz-se necessário resgatar a importância do nexo de causalidade e também da exata verificação da ocorrência de dolo direto, dolo eventual e culpa.

17 Erro de tipo, erro de proibição e descriminantes putativas

ERRO DE TIPO

O art. 20, *caput*, do Código Penal conceitua o erro de tipo como "o erro sobre elemento constitutivo do tipo legal de crime", determinando que esse erro "exclui o dolo, mas permite a punição por crime culposo, se previsto em lei".

O erro sobre elemento constitutivo do tipo legal de crime está diretamente relacionado à situação fática em que se encontra o agente, ou seja, ele conhece a norma, conhece a proibição, mas acredita que, na situação em que se encontra, não estão presentes os elementos previstos no tipo legal.

Por exemplo, um caçador, sabendo ser proibido tirar a vida de seres humanos, atira contra uma pessoa, crendo tratar-se de um animal, cuja caça seja permitida. Ou uma pessoa que, sabendo constituir crime a subtração de coisa alheia móvel, coloca na bolsa carteira de terceiro, crendo-a sua.

Em ambos os casos, os agentes realizaram os tipos objetivos. Na primeira situação, o caçador matou alguém; na segunda, a pessoa subtraiu coisa alheia móvel. No entanto, também em ambos os casos, os agentes acreditavam não estar realizando o tipo de homicídio nem o de furto; portanto, não tinham a intencionalidade (elemento subjetivo necessário para caracterizar a tipicidade) e não agiram para desrespeitar os bens jurídicos protegidos (vida e patrimônio).

Como apontado anteriormente, o erro quanto aos elementos do tipo exclui o dolo, permitindo a punição por crime culposo, se essa forma for prevista em lei.

Já foi dito no capítulo anterior, relativo ao crime culposo, que essa forma de delito constitui exceção, existindo apenas quando expressamente prevista pelo legislador. Dessa maneira, se o erro incidir sobre um tipo penal que contemple apenas a forma dolosa, será afastada qualquer punição.

No entanto, é preciso deixar claro que a previsão do crime culposo não é suficiente para justificar a punição do agente que comete erro quanto aos elementos do tipo, pois, como já consignado, a caracterização da culpa exige a previsibilidade e a evitabilidade do resultado.

Assim, verificado o erro de tipo, bem como a previsão legal da forma culposa, antes de punir o agente a título de culpa, é necessário checar se ele, efetivamente, agiu com culpa.

No exemplo do caçador, se o agente houvesse locado determinada área para praticar seu esporte recebendo a garantia do locador de que não havia nenhuma pessoa no local, não seria razoável puni-lo pela morte da pessoa alvejada, pois sua presença naquela área não era previsível. Percebe-se daí que a punição por culpa, na hipótese de erro quanto aos elementos do tipo, não é automática.

ERRO DE PROIBIÇÃO

Em seu art. 21, o Código Penal determina que o erro quanto à ilicitude do fato, quando inevitável, isenta de pena, diminuindo-a de um sexto a um terço, na hipótese de o erro ser evitável, considerando-se evitável o erro "se o agente atua ou se omite sem a consciência da ilicitude do fato, quando lhe era possível, nas circunstâncias, ter ou atingir essa consciência".

Diferentemente do que ocorre no erro quanto aos elementos do tipo, no erro sobre a ilicitude, também denominado erro de proibição, o autor tem plena consciência de todos os elementos fáticos que o cercam, ou seja, conhece todos os elementos do ato que pratica, mas julga, equivocadamente, que sua conduta é lícita, quando, na verdade, não é.

Por exemplo, o caso de um comerciante simplório que, acabando de iniciar sua atividade comercial, deixa de emitir nota fiscal, não com o objetivo de fraudar o Fisco, mas por desconhecer o dever legal de fazê-lo.

Percebe-se não se tratar de mero desconhecimento da norma, mas sim de um desconhecimento da ilicitude do ato.

A inevitabilidade do erro, que afasta a pena, e a evitabilidade, que a diminui, deverão ser verificadas no caso concreto, cabendo ao magistrado motivar ou apontar as razões que o fizeram concluir pelo erro e por sua evitabilidade ou inevitabilidade.

Poder-se-ia pretender aduzir que é muito insegura essa forma de determinar a evitabilidade ou a inevitabilidade do erro. Poder-se-ia ainda pretender consignar que essa forma, na verdade, seria uma maneira de fugir a uma difícil conceituação, preferindo jogar a responsabilidade nas mãos do magistrado. No entanto, dada a natureza flexível dessa evitabilidade, bem como sua estreita relação com as circunstâncias fáticas e com a capacidade do próprio autor, pretender conceituá-la de modo absoluto poderia, ao contrário do que se pretende, engessar o dispositivo. Ademais, é necessário aprender a confiar na capacidade de decisão do magistrado, não esquecendo a segurança que representa a garantia constitucional à motivação.[1]

Apesar de ser muito estudado pela doutrina, o erro de proibição tem pouca aplicação jurisprudencial. Salvo casos raríssimos, os tribunais não costumam reconhecer a possibilidade de o agente não ter consciência da ilicitude, seja para afastar o crime, seja para diminuir a pena. Essa resistência, a nosso ver, enseja muita injustiça.

No âmbito do chamado direito penal econômico, a situação se revela ainda mais gravosa, pois muitas são as normas penais em branco (que requerem complementação por normas civis e administrativas), e, por conseguinte, numerosos são os casos em que o agente realmente não sabe que está se portando em contrariedade com o ordenamento.

No campo do direito ambiental e do direito tributário, por exemplo, nas várias esferas de poder (federal, estadual e municipal), há normas que são conflitantes entre si. Nem mesmo os especialistas em tais matérias podem afirmar, seguramente, que conhecem todas as regras.

Ora, na medida em que os crimes contra o meio ambiente e os crimes tributários dependem da contrariedade a essas normas, que são muito incertas e fluidas, por óbvio, há muito espaço para o erro quanto à ilicitude, o que, como já dito, raramente é reconhecido.

---

1 A esse respeito, aconselhamos a leitura de GOMES FILHO, Antonio Magalhães. *A motivação das decisões penais*.

Ainda no que concerne ao erro quanto à ilicitude, conforme antecipado no capítulo referente à imputabilidade, é importante consignar que os crimes supostamente praticados por indígenas devem ser avaliados à luz deste instituto.

Com efeito, como já defendemos em várias oportunidades,[2] considerar o índio inimputável constitui preconceito e desrespeito às diferenças culturais. Essas diferenças não podem ser sinônimo de incapacidade nem de doença mental.

Na verdade, quando um suposto crime é atribuído a um indígena, deve-se verificar se, apesar das diferenças culturais, ele tinha condições de compreender o caráter ilícito de seu comportamento.

Alguns autores defendem a ideia de que, para tanto, seria necessário modificar a lei, para criar a figura do erro culturalmente determinado. Com todo o respeito, penso que não seria preciso alterar a legislação, pois o erro quanto à ilicitude, tal qual previsto, já seria suficiente.

Quero, nesta oportunidade, reiterar que o fato de reconhecer o erro quanto à ilicitude, quando um ato previsto como crime é praticado por indígenas, não exime aqueles que entendem de, sendo possível, evitar a prática do ato.

Digo isso porque, em algumas tribos, ainda ocorrem os chamados infanticídios indígenas, que são execuções de bebês gêmeos ou de bebês que apresentem alguma deficiência ou marca de nascença. Sob a desculpa de que essas execuções seriam parte da cultura, muitos órgãos e organizações que lidam com a questão indígena se eximem de intervir, o que me parece inadmissível. Desse modo, não é porque o instituto do erro afasta a responsabilidade criminal que o comportamento se torna lícito. Afinal, o direito penal não é a única forma de reprovação existente. Acerca do chamado infanticídio indígena, que, tecnicamente, não constitui um infanticídio, penso que os bebês passíveis de ser executados devem ser antecipadamente retirados das tribos. E existem medidas cíveis disponíveis para tanto.

---

2 PASCHOAL, Janaina Conceição. "O índio, a inimputabilidade e o preconceito" In: VILLARES, Luiz Fernando (Coord.). *Direito penal e povos indígenas*, p. 81-91; "Infanticídio indígena: novos velhos discursos", *Revista Criminal: ensaios sobre a atividade policial*, ano 5, v. 14, maio/ago-2011. p. 57-68.

O mesmo problema se apresenta relativamente à iniciação sexual das meninas indígenas. Em algumas tribos, logo que menstruam, elas são consideradas prontas para o sexo. Dado que a menstruação chega cada vez mais cedo, não é raro meninas menores de 14 anos serem submetidas a relações sexuais.

Pelo ordenamento brasileiro, relações sexuais com menores de 14 anos constituem estupro.

Ora, olhando a situação à luz do erro quanto à ilicitude, pode-se sustentar que os indígenas que praticam tais atos não deveriam ser punidos criminalmente, haja vista as diferenças culturais.

No entanto, os órgãos e as organizações envolvidos com as questões indígenas devem trabalhar para conscientizar essa população da inadmissibilidade de tais práticas e, se necessário, até tomar medidas mais extremas, como a do afastamento temporário dessas jovens para sua própria proteção.

Cumpre deixar claro que essa posição intermediária (de não punir criminalmente o indígena, mas tomar medidas preventivas aos atos previstos como crime) costuma desagradar tanto àqueles que clamam pela aplicação do direito penal, apesar das diferenças culturais, como aos que sustentam que qualquer intervenção (penal ou não) implicaria uma nova colonização, ou uma nova evangelização.

DESCRIMINANTES PUTATIVAS

Além dos erros de tipo e proibição, o Código prevê as descriminantes putativas, que, como será evidenciado, nada mais são que erros de tipo e de proibição indiretos. Vejamos.

Em seu art. 20, § 1º, o Código Penal determina que "é isento de pena quem, por erro plenamente justificado pelas circunstâncias, supõe situação de fato que, se existisse, tornaria a ação legítima", não havendo isenção de pena se "o erro deriva de culpa e o fato é punível como crime culposo".

Aufere-se da simples leitura do dispositivo que o legislador misturou o quanto estatuído para os erros de tipo e de proibição.

Com efeito, ao tratar das descriminantes putativas, o legislador fala em erro quanto à situação de fato, bem como em punição por culpa, o que guarda relação com o erro de tipo. Ao mesmo tempo, fala em isenção de pena, que tem relação com a consciência da ilicitude, portanto, com a reprovabilidade da conduta e, consequentemente, com a culpabilidade.

Na verdade, as descriminantes putativas incidem tanto sobre o tipo, afastando o dolo e permitindo a punição por culpa – quando prevista a forma culposa em lei e previsível o resultado –, quanto sobre a ilicitude, quando o agente errar sobre a permissão de determinada conduta.

As descriminantes putativas estão relacionadas às causas de afastamento da antijuridicidade (legítima defesa, estado de necessidade, estrito cumprimento de dever legal ou exercício regular de um direito).

As descriminantes putativas se verificam quando o agente, equivocadamente, seja pela situação fática, seja por realizar um juízo errôneo quanto à proibição de certa conduta, age crendo estar em legítima defesa, estado de necessidade etc.

A primeira hipótese, em que pela situação fática o agente se equivoca, tem reflexo direto no tipo, ou seja, seria uma forma de erro de tipo ao contrário.

Por exemplo, uma empresária, tendo sido ameaçada por um ex-funcionário que ela dispensou, passa a andar armada. Em certo dia, esse funcionário, já novamente inserido no mercado de trabalho, arrependido pelas ameaças que proferiu contra a antiga patroa, volta à empresa, trazendo um presente para se reconciliar. Quando a empresária avista o ex-funcionário, com a mão no bolso (para pegar o pequeno presente), crendo que ele sacará uma arma, adianta-se, sacando o seu revólver e matando o ex-empregado.

Percebe-se que, na realidade, a empresária não estava em legítima defesa, mas, por acreditar que seria agredida, agiu crendo encontrar-se em legítima defesa. Há que dizer que, se de fato o empregado estivesse armado, a empresária estaria em legítima defesa. Como a situação não era real, trata-se de uma legítima defesa putativa.

Nesse caso, em que a descriminante putativa tem relação com os fatos, afasta-se o dolo, punindo-se por culpa, caso se entenda que o resultado era previsível.

No entanto, como já apontado, as descriminantes putativas podem verificar-se também no que se refere à ilicitude do ato. Seria o caso, por exemplo, de um empregado, para com quem a empresa empregadora tem uma dívida, que subtrai um cheque da gaveta de seu chefe, acreditando não incorrer em nenhum crime, já que estaria apenas se ressarcindo.

Esse empregado sabe ser proibido subtrair coisa alheia móvel, no entanto acredita que, na situação dada, está apenas no exercício regular de um direito, quando se sabe que ele não poderia ter pego o cheque, devendo sim ingressar com ação trabalhista para ter seu direito reconhecido.

Outra situação de descriminante putativa relativa à ilicitude ou proibição seria aquela em que alguém, que sabe ser proibido matar uma pessoa, acredita estar autorizado a fazê-lo quando essa pessoa se encontra gravemente doente ou quando essa pessoa é um cônjuge que o traiu.

Na hipótese de a descriminante putativa estar relacionada à proibição, aplica-se a mesma regra estatuída para o erro de proibição, qual seja: afasta-se a pena para o erro inevitável; diminui-se a pena na hipótese de erro evitável.

ERRO DETERMINADO POR TERCEIRO E ERRO SOBRE A PESSOA

Ainda dentro da teoria do erro, é importante lembrar que o erro determinado por terceiro faz com que este (e não o agente) responda pelo crime,[3] bem como que o erro quanto à pessoa contra a qual o crime é praticado não o isenta de pena. Para o fim de determinação do montante da punição, desconsideram-se as qualidades da vítima, considerando-se as qualidades da vítima que se pretendia atingir.[4]

Assim, se alguém pretendia matar Caio, mas, ao entrar na casa da vítima escolhida, acabou por matar Tício, amante da esposa de Caio, responderá por homicídio, sendo a pena calculada como se tivesse matado Caio, e não Tício.

Do mesmo modo, caso alguém tenha planejado matar um anão que trabalha como porteiro em uma escola infantil e veio a atingir uma criança que, em razão de uma comemoração, se encontrava vestida com roupas de adulto, responderá por homicídio, mas sua pena será dosada como se tivesse matado a vítima que pretendia atingir e não a criança, ou seja, não incidirá a circunstância agravante referente aos crimes cometidos contra crianças.[5]

---

3   Art. 20, § 2º, do Código Penal.
4   Art. 20, § 3º, do Código Penal.
5   Art. 61, II, *h*, Código Penal.

Concurso de pessoas

18

Nos termos do art. 29 do Código Penal, responde por um crime quem, de algum modo, concorreu para a sua consecução, na medida de sua culpabilidade.

Os crimes podem ser praticados por uma única pessoa ou por várias, as quais, por sua vez, podem envolver-se efetivamente executando a conduta delitiva ou simplesmente auxiliando para que essa conduta seja realizada.

Toda vez que mais de uma pessoa coopera para a prática de um delito, fala-se em concurso de pessoas, sendo certo que, pela sistemática atual do Código Penal, adotada em 1984, quando da reforma de sua Parte Geral, o concurso de pessoas assume duas formas, quais sejam a coautoria e a participação.

Coautores são os indivíduos que cooperam com a execução da conduta delitiva, e é essencial para a consecução do delito a função atribuída a cada um desses indivíduos. É necessário enfatizar que nem todos os coautores precisarão, necessariamente, realizar todas as ações do tipo, pois o essencial é que haja um prévio acordo de vontades, uma unidade de desígnios por parte dos envolvidos.

Assim, se três homens se unem para roubar um banco, ajustando que um deles ameaçará os funcionários e clientes com uma arma, o outro pegará o dinheiro no cofre, enquanto o terceiro aguardará no carro para avisá-los da chegada da polícia e guiar durante a fuga, não se pode dizer que um praticou ameaça, o segundo o furto e o terceiro não realizou nenhuma conduta delitiva.

Na verdade, o ato dos três foi fundamental para a realização de um único crime, que, cumpre enfatizar, era almejado pelos três. Assim, todos respondem por roubo. A decisão de dividir funcionalmente as atribuições de cada qual apenas serve para facilitar a realização do delito, o que, em hipótese alguma, pode torná-lo menos reprovável.

Já a participação pode se configurar de três maneiras: pelo induzimento, pela instigação ou pelo auxílio, que, apesar de o Código não utilizar o termo, pode ser entendido como uma espécie de cumplicidade. Induz quem faz nascer na cabeça de outra pessoa a ideia de praticar o crime; instiga quem apoia uma ideia já existente.

Partícipe é aquele que instiga ou induz o autor a praticar determinado delito ou o auxilia na perpetração.

Na hipótese de auxílio, muitas vezes, em um caso concreto, é difícil definir quem é coautor e quem é partícipe. Deve ser aplicada a regra da essencialidade da cooperação. Caso se verifique que o afastamento da função atribuída a determinada pessoa inviabilizaria a investida delitiva, o entendimento seria de coautoria. Mas, caso se constate que a ausência dos atos de um indivíduo apenas dificultaria a realização do crime, estar-se-á diante de um partícipe.

O coautor tem o domínio do fato, o partícipe não.

A esse respeito, cabe inclusive ressaltar que a participação não sobrevive sem a autoria. Entre ambas se estabelece uma relação de acessório e principal; é até por isso que o art. 31 do Código Penal estatui que o ajuste, a determinação, a instigação e o auxílio não são puníveis na hipótese de o crime não chegar, pelo menos, a ser tentado. Todos esses atos, sem o início da execução, são considerados meros atos preparatórios, e os atos preparatórios não são puníveis.

À primeira vista, pode-se pensar que autores e partícipes devem ter penas diferenciadas. No entanto, não necessariamente isso ocorrerá.

Com efeito, como já asseverado, o Código Penal estatui que todos aqueles que concorrem para um crime por ele respondem na medida de sua culpabilidade. Assim, em um caso concreto, caberá ao magistrado, sempre motivadamente, avaliar e determinar a pena compatível com a culpabilidade de cada concorrente.

Prova isso o fato de o mesmo art. 29 permitir, em seu § 1º, para a participação de menor importância, que a pena seja diminuída de um sexto a um terço.

Ora, se o legislador prevê a diminuição de pena para a participação de menor importância, pode-se concluir que, para a participação importante, a pena será igual à do autor.

Ademais, cabe consignar que o próprio Código, no art. 62, II e III, considera alguns tipos de participação como circunstâncias que até agravam a pena. Desse modo, percebe-se que a punição do partícipe pode restar até mais gravosa que a do coautor.

Atrelar, expressamente, a pena à culpabilidade do concorrente evita a tentação de aplicar a responsabilidade objetiva (pelo resultado).

O legislador, ainda atendendo ao princípio da culpabilidade, prevê, no art. 29, § 2º, que o concorrente que quis participar de crime menos grave receberá a pena deste. No entanto, sendo o resultado mais grave previsível, a pena do delito menos grave será aumentada até a metade.

Assim, se uma pessoa consente em praticar um roubo, acreditando que todos os concorrentes estão portando armas de brinquedo, responderá por roubo e não por latrocínio, na hipótese de um dos coautores haver, contrariamente ao combinado, levado uma arma real.

Entretanto, se uma pessoa consente em praticar um roubo, sabendo que os concorrentes portam armas carregadas, a pena do roubo será aumentada até a metade por ser previsível a ocorrência de um disparo.

Essa, na verdade, seria a correta aplicação da lei, muito embora se saiba que, em casos correlatos, todos os envolvidos findam respondendo por latrocínio; isso porque, em crimes dessa natureza, nossos tribunais são especialmente "atécnicos", havendo até condenações por latrocínio de pessoas que causaram a morte de outros participantes no crime, ou de agentes que causaram, na fuga, acidente de veículo com morte.

Ainda no que concerne ao princípio da culpabilidade, ou seja, da atribuição de pena de maneira proporcional à reprovabilidade da conduta do apenado, tem-se que o legislador, no art. 30 do Código Penal, tomou o cuidado de prever que as condições de caráter pessoal, salvo quando elementares do crime, não se comunicam, ou seja, não se estendem ao coautor ou ao partícipe.

Assim, se uma jovem decide matar seu pai contando com a colaboração do namorado, tem-se que somente sobre a pena atribuída a ela incidirá a circunstância agravante de cometer crime contra ascendente,[1] por não se tratar de elementar do crime.

Elementares são as circunstâncias que integram o tipo delitivo estendendo-se aos coautores e partícipes que tenham conhecimento da existência da elementar. Seria o caso de concurso de pessoas para os crimes praticados por funcionários públicos contra a administração em geral,[2] que são crimes próprios, necessariamente, praticados por funcionários públicos.

Por exemplo, se um funcionário público em coautoria com um não funcionário se apropria de bem móvel do qual o funcionário tem posse em razão do cargo, ambos responderão por peculato, pois a circunstância pessoal de ser funcionário público é elementar do crime e se comunica ao concorrente.

Existem alguns delitos que não admitem coautoria, apenas participação, ainda que a participação seja essencial para a realização do delito. Tratam-se dos chamados crimes de mão própria. Deve-se tomar cuidado para não confundir os crimes de mão própria com os crimes próprios, nos quais o sujeito ativo deve, necessariamente, preencher determinadas características, como a de ser funcionário público.

Nos crimes de mão própria, o núcleo do tipo somente pode ser praticado por um agente. Ele pode até ser induzido, instigado ou auxiliado, mas a execução somente pode ser realizada por ele.

É a hipótese, por exemplo, do falso testemunho. Apenas a testemunha pode depor durante a audiência. Não se admite, portanto, coautoria, mas sim participação.

Outra polêmica relacionada à matéria ora estudada diz respeito à coautoria e/ou participação em delitos culposos.

Luiz Regis Prado defende a tese segundo a qual alguns tipos de participação em crime culposo são possíveis e a coautoria, não.[3] Eugenio Raúl

---

[1] Art. 61, II, *e*.
[2] Título XI, Capítulo I, do Código Penal.
[3] "A coautoria exige um elemento subjetivo, ou seja, o ajuste de vontades entre os coautores para a realização do delito. Como consequência, não se pode admitir a coautoria nos crimes culposos (o resultado não foi querido). A participação, pela mesma razão, não é admissível, salvo na modalidade de instigação ou cumplicidade psíquica" (PRADO, Luiz Regis. *Curso de direito penal brasileiro*: Parte Geral, p. 398).

Zaffaroni e José Henrique Pierangeli, ao contrário, preconizam que os crimes culposos admitem coautoria, mas não admitem participação.[4]

Esse também é o posicionamento de René Ariel Dotti.[5] Miguel Reale Júnior admite a participação em crime culposo ao lembrar que a existência de um dever de cuidado geral não exclui a existência do domínio do fato, podendo o autor fazer ou deixar de fazer a conduta instigada pelo partícipe.[6]

Estando a coautoria relacionada não só à unidade de desígnios mas também ao domínio do fato, ou seja, a um ajuste prévio dos autores, que inclusive dividem as funções essenciais para a prática do crime planejado, parece-nos um tanto quanto difícil a caracterização de coautoria em crime culposo, o qual, como visto, está ligado ao desrespeito a um dever de cuidado.

Com efeito, apesar de todas as pessoas terem dever genérico de cuidado, normalmente, apenas uma pessoa se encontra em situação de desrespeitar esse dever.

É comum apontar como coautor de crime culposo o passageiro que incentiva o motorista a desrespeitar as regras de trânsito. No entanto, por mais que instigue o motorista a correr ou a ultrapassar um sinal vermelho, o passageiro não tem domínio do fato, não está na direção do veículo, não sendo possível, portanto, falar-se em coautoria. Poder-se-ia, apenas, atribuir ao passageiro a participação, na modalidade de instigação ou induzimento. Mas mesmo a participação deve ser avaliada com cautela, pois, em crimes dolosos, existe a busca de um resultado; já os crimes culposos se definem pela convicção de que nada de ruim ocorrerá.

Implica grande desafio, na atualidade, lidar com eventos não desejados por ninguém, mas que advêm do encadeamento de várias ações, ou omissões, descuidadas – seja a queda de um avião, seja o incêndio de uma casa de *shows*, seja o despencar de um brinquedo de parque de diversões.

Nesses casos, de extrema complexidade, deve-se tomar cuidado para não mitigar o princípio da culpabilidade, atribuindo, a um só tempo, o resultado causado parcialmente por vários, integralmente, a uma ou a algumas pessoas.

---

4 "Na tipicidade culposa, todo aquele que põe uma causa para o resultado é autor" (RAÚL ZAFFARONI, Eugenio; PIERANGELI, José Enrique. *Manual de direito penal brasileiro*: Parte Geral, p. 674).

5 DOTTI, René Ariel. *Curso de direito penal*: Parte Geral, p. 358-9.

6 REALE JR., Miguel. *Instituições de direito penal*: Parte Geral, p. 324.

MENSALÃO (AÇÃO PENAL ORIGINÁRIA N. 470)[7]

Ainda no que tange ao tema do concurso de agentes, resta interessante escrever algumas linhas sobre o famoso caso do mensalão, em torno do qual foram veiculadas várias notícias que, salvo melhor juízo, não se sustentam.

Entre elas, alardeou-se que o julgamento feito pelo Supremo Tribunal Federal teria sido de exceção, tendo os acusados sofrido perseguição política. E a suposta perseguição teria ocorrido pela aplicação da teoria do domínio do fato, com o fim de condenar aquele que fora indicado como líder do esquema de desvio de verba pública e corrupção de membros do Congresso Nacional.

Traduzindo, passou-se a alegar, publicamente, que a teoria do domínio do fato jamais havia sido aplicada no país e que teria sido criada pelo nazismo. Em outras palavras, procurou-se fazer crer que se buscou uma teoria totalitária para aplicá-la a um caso em especial.

Primeiramente, cabe deixar claro que a Ação Penal n. 470 foi revestida de mais garantias que qualquer outra ação neste país. Tanto é assim que um dos acusados teve seu processo completamente anulado em virtude da falta de citação. Além disso, muitos dos acusados foram absolvidos, evidenciando cautela na apreciação dos fatos.

Apesar de não ter concordado com todos os termos do acórdão de mais de 8.000 páginas, até por honestidade histórica, é importante destacar que não houve julgamento excepcional. Os acusados tiveram toda a oportunidade de defesa e foram respaldados por profissionais da maior qualidade.

Mas o que nos força a tocar nesse assunto nesta oportunidade é o intuito de reparar algumas incorreções que foram largamente propaladas e estão diretamente relacionadas ao concurso de agentes.

Com efeito, como já dito, a teoria do domínio do fato foi identificada com o nazismo e, quando não, aproximada à responsabilidade penal objetiva, que implica penalizar uma pessoa pelo cargo que ocupa.

---

7   O constante deste tópico faz parte de um artigo mais extenso, publicado no *blog* de Reinaldo Azevedo, Revista *Veja*, em 27.09.2013, disponível em: http://veja.abril.com.br/blog/reinaldo/tag/teoria-do-dominio-da-organizacao/.

Muitas manifestações também foram feitas no sentido de que a teoria do domínio do fato teria sido aplicada para permitir a condenação por indícios, o que também constitui equívoco.

Como anunciado no início deste tópico, a teoria do domínio do fato está no centro do concurso de agentes.

Qualquer aluno iniciante no direito penal, ao estudar o concurso de pessoas, entra em contato com a teoria do domínio do fato.

No início da década de 1990, quando ingressei na Faculdade de Direito da Universidade de São Paulo, na disciplina Direito Penal – Parte Geral, o saudoso Professor Antônio Luís Chaves Camargo já discorria sobre tal teoria com absoluta familiaridade.

Em 1996, no 5º ano da faculdade, o Professor Miguel Reale Júnior, que é um dos artífices da Parte Geral do Código Penal, também tratou largamente da teoria do domínio do fato ao rever a disciplina Concurso de Agentes.

Como já dito, há concurso de agentes quando um mesmo crime é cometido por mais de uma pessoa. Assim, quando um grupo se une para matar alguém, ou para roubar um banco, ou para desviar dinheiro público, está-se diante de um concurso de agentes no homicídio, no roubo ou no peculato.

O fator que determina o concurso de agentes é a unidade de desígnios, a vontade de unir-se a outrem para a prática de um crime. Todos os concorrentes devem querer a consecução do delito.

Uma vez constatado o concurso de agentes, faz-se necessário estabelecer o papel de cada um dos concorrentes. Como antes asseverado, tanto o ordenamento jurídico como a doutrina e a jurisprudência admitem duas possibilidades: o concorrente pode ser **coautor** ou **partícipe**, sendo que aqui entra a teoria do domínio do fato.

Destaque-se que ela não tem nada a ver com responsabilidade objetiva nem com provas. A teoria do domínio do fato se aplica no momento de estabelecer se um concorrente, em determinado crime, tinha ou não domínio sobre o fato. Se ficar definido que ele tinha esse domínio, está-se diante de um coautor; se ficar definido que ele não tinha, está-se diante de um partícipe.

O partícipe é o agente (ou concorrente) que, apesar de não ter realizado o verbo do crime (ele não esfaqueou, não recolheu o dinheiro, não realizou diretamente o desvio etc.), auxiliou, induziu ou instigou o outro a realizar.

A análise da jurisprudência mostra que, em casos de roubo a banco ou a residência, muito se discute sobre se o agente (ou concorrente) que ficou do lado de fora deve ser tratado como coautor ou como partícipe; e o critério para essa definição é justamente a existência de domínio sobre o fato.

Esse domínio, na maior parte das vezes, é determinado com base na natureza essencial, ou não, da colaboração daquele sujeito para o sucesso da empreitada criminosa.

Isso significa dizer que, se os demais agentes puderem consumar o roubo, independentemente da colaboração do sujeito que ficou aguardando do lado de fora, se está diante de um partícipe. Por outro lado, se a colaboração desse sujeito for essencial à consumação do delito, está-se diante de coautoria.

É importante destacar que, seja na condição de coautor, seja na condição de partícipe, o concorrente sempre responde pelo crime, na medida de sua culpabilidade, como manda o art. 29 do Código Penal, o qual, em seus parágrafos, prevê situações em que o partícipe pode receber punição mais branda que os autores ou coautores.

Percebe-se que, ao avaliar uma situação concreta, quando o intérprete chega à teoria do domínio do fato, ele já está convicto de que há provas para incriminar o concorrente, ou seja, provas de que havia unidade de desígnios, de que ele queria a prática do delito; o desafio é apenas definir qual a natureza do papel desempenhado: coautoria ou participação.

Desse modo, a decisão do Supremo Tribunal Federal, na Ação Penal n. 470, de aplicar a teoria do domínio do fato não macula o processo, ao contrário, aplicar essa teoria significa atribuir o resultado a cada qual, nos estritos limites de sua culpabilidade.

A esse respeito, como já dito, cabe lembrar que, no art. 62, I, o Código Penal até possibilita que aquele que não se envolveu diretamente na consecução do crime seja punido de maneira agravada com relação aos demais concorrentes, caso tenha promovido, organizado, ou dirigido a atuação dos demais. Percebe-se, portanto, que a lei é clara e já vigora desde 1984.

Apenas a fim de evidenciar que a teoria do domínio do fato não constitui inovação, transcrevem-se trechos de algumas obras com o intuito de chamar a atenção para o fato de haver livros do fim da década de 1990 que tratam naturalmente do tema.

Pode suceder que num delito concorram vários autores. Se os vários autores concorrem de forma que cada um deles realiza a totalidade da conduta típica, como no caso de cinco pessoas que desferem socos contra uma sexta, todos causando nela lesões, **haverá uma coautoria que não admite dúvidas, pois cada um tem o domínio do fato quanto ao delito de lesões que lhe é próprio**. Mas também pode acontecer que os fatos não se desenrolem desta maneira, mas que ocorra uma divisão de tarefas, o que pode provocar confusões entre a coautoria e a participação. Assim, quem se apodera do dinheiro dos cofres de um banco, enquanto outro mantém todo o pessoal contra a parede, sob ameaça de revólver, não está cometendo um furto (art. 155 do CP), e o outro, delito de constrangimento ilegal (art. 146 CP), mas ambos cometem um delito de roubo à mão armada (art. 157, § 3º, I, do CP; exemplo de Stratenwerth). Quando três indivíduos planejam matar um terceiro, e, enquanto dois deles o subjugam, o terceiro o apunhala, tampouco há um autor de homicídio, mas sim três coautores.

A explicação para esses casos é dada pelo chamado "domínio funcional do fato", isto é, quando a contribuição que cada um traz para o fato é de tal natureza que, de acordo com o plano concreto do fato, sem ela o fato não poderia ter sido realizado, temos um caso de coautoria e não de participação. Isso deve ser avaliado em consonância com cada fato concreto e tendo em conta o seu planejamento. Assim, não se pode dizer *a priori* se o chamado "campana" é autor (coautor) ou partícipe, a não ser diante da modalidade operativa do delito: se o campana facilita a consumação de maneira a torná-la mais rápida, será partícipe, mas, se na sua falta, o fato não pudesse ter sido cometido, será um coautor.[8]

Com as modificações introduzidas em 1984 com relação ao concurso de pessoas, quebrou-se a rígida perspectiva objetiva, temperando-se a referência ao nexo de causalidade como critério indicativo da realização da coautoria.

Acrescentou-se ao final do art. 29 a expressão "na medida de sua culpabilidade", que já fora sugerida por Fragoso em suas críticas ao Anteprojeto Nelson Hungria. Se a norma do concurso de pessoas é uma norma integrativa, extensiva, em que ações atípicas ganham relevo típico por se incluírem em um todo unitário doador de sentido para cada uma das ações, há diferenças de atuação, sendo que, quanto mais emerge a posição do autor, mais se atenua a dos demais, e por comparação

---

[8] ZAFFARONI, Eugenio Raúl; PIERANGELI, José Henrique. *Manual de direito penal brasileiro*: Parte Geral, p. 672-3 (grifamos).

verifica-se a contribuição de cada um dos participantes. **Assim, conforme o grau de participação maior ou menor, será a reprovação, com o que a dicção legislativa adequa-se à teoria do domínio do fato [...]. Mantiveram-se, por outro lado, as circunstâncias agravantes do concurso de pessoas previstas no art. 62 do Código Penal e relativas àqueles que detêm superior domínio do fato, como domínio da vontade, por promover ou organizar a cooperação delituosa [...].**[9]

Nos *crimes dolosos*, a doutrina moderna tem caracterizado como autor quem tem o *domínio final do fato*, no sentido de decidir quanto à sua realização e consumação, distinguindo-se do partícipe, que apenas cooperaria, incitando ou auxiliando. A tipicidade da ação não seria, assim, decisiva para caracterizar o autor. Necessário seria ter o agente o controle subjetivo do fato e atuar no exercício desse controle (Enrique Cury). Assim, seria o autor não apenas quem realiza a conduta típica (objetiva e subjetivamente) e o autor mediato [...], mas também, por exemplo, o chefe de uma quadrilha que, sem realizar a ação típica, planeja e decide a atividade dos demais, pois é ele que tem, eventualmente em conjunto com os outros, o domínio final da ação.

Embora essa concepção possa efetivamente representar a mais exata caracterização da autoria, em correspondência com a realidade dos fatos, entendemos que deve ser mantida a chamada *teoria formal objetiva*, que delimita, com nitidez, a participação e a autoria, completada pela ideia de autoria mediata.

Autor é quem realiza, no todo ou em parte, a ação incriminada que configura o delito, em seu aspecto objetivo (tipo objetivo) e subjetivo (tipo subjetivo). Com exceção dos casos de autoria mediata, é a realização da conduta típica que caracteriza a autoria.[10]

e) *Conceito finalista de autor* – fundamenta-se na doutrina finalista da ação, formulada por Welzel. Define o autor como aquele que tem o domínio finalista do fato (delito doloso). No caso de delito culposo, autor é todo aquele que contribui para a produção do resultado que não corresponde ao cuidado objetivamente devido. Todo aquele que participa da finalidade (delito doloso) e toma parte na divisão do trabalho é coautor. A consequência de os autores terem o domínio do

---

9   REALE JÚNIOR, Miguel. *Instituições de direito penal:* Parte Geral, v. I, p. 318-9 (grifamos).
10 FRAGOSO, Heleno Cláudio. *Lições de direito penal:* Parte Geral, p. 313-4, atualização de Fernando Fragoso (grifamos).

fato é decorrente de sua qualidade de autor. Separa-se em termos conceituais a noção de autor e de executor. No caso, por exemplo, de autoria mediata, o autor não executa a tarefa, utiliza-se, para tanto, de outro. O partícipe não possui a finalidade característica do autor, restringe-se a colaborar, contribuir, com atividades secundárias e complementares (no "empreendimento"), na ação delitiva do autor. Entende-se, ainda, que esse conceito de autor não é decorrência do conceito de ação, mas da concepção de injusto que inspira o Código.

Tem-se como preferível o agasalho de um conceito misto, isto é, um objetivo-formal, como impõe a estrita legalidade penal, sendo autor aquele que realiza a conduta típica, complementado por um critério material, representado pelo conceito finalista de autor, com algumas correções. **Assim, para a mais cabal delimitação entre coautoria e participação, o critério roxiniano do domínio funcional do fato parece ser o mais acertado.**[11]

Talvez esteja havendo certa confusão entre a teoria do domínio do fato e a teoria do domínio da organização.

É a teoria do domínio da organização, elaborada por Claus Roxin, que prega que, no âmbito de uma organização criminosa, o líder, ao instituir determinadas normas, responderá pela atuação de qualquer membro do grupo que tenha praticado crimes seguindo referidas normas.

Costumo dar o seguinte exemplo em sala de aula: imagine que o chefe de uma organização mafiosa determine que qualquer membro do grupo que venha a dormir com a mulher de um parceiro deverá ter seu pênis decepado. Caso um dia um membro do grupo criminoso, ao flagrar um parceiro com a esposa de outro, venha a concretizar a norma posta pelo líder, este poderá ser responsabilizado. Pressupõe-se, portanto, que o líder da organização criminosa tenha o domínio sobre todos os fatos perpetrados com base em suas regras, ainda que não tenha conhecimento de um ato específico.

A teoria do domínio da organização **não** se confunde com a teoria do domínio do fato. O autor português Jorge Figueiredo Dias deixa bem evidente tal diferenciação.

---

11 PRADO, Luiz Regis. *Curso de direito penal brasileiro:* Parte Geral, v. 1, p. 569 (grifamos).

Com o exposto, não se pretende afirmar que o domínio da organização se possa aplicar a *todo o âmbito* do crime organizado. Logo na sua primeira formulação, Roxin fazia depender o funcionamento daquela categoria da circunstância de se acharem preenchidos três requisitos: 1) trata-se de um aparelho organizado de poder, com uma estrutura hierarquizada rígida; 2) verifica-se uma efetiva fungibilidade do autor imediato, o que implica possuir a organização em causa uma certa dimensão; e 3) por fim, haver-se o aparelho de poder desligado da ordem jurídica, optando, como um todo, pela via criminosa.

A partir daqui, Roxin concretizou tais requisitos isolando as duas situações-tipo em que o domínio da organização pode, em seu entender, funcionar como fundamento da autoria mediata: por um lado, a hipótese de uma organização política, militar ou policial que se apodera do aparelho de Estado; e de que podem constituir exemplos – infelizmente entre tantos outros – o sistema nacional-socialista alemão, o regime comunista da RDA ou as ditaduras militares da América Latina; e, por outro lado, movimentos clandestinos, organizações secretas e associações criminosas que têm objetivos adversos à ordem jurídica estabelecida e, pelo poder de que dispõem, como que constituem um "Estado dentro do Estado".

A esses dois casos se resumiria, pois, o campo de aplicação do domínio da organização. Para além deles, não se encontrariam preenchidos os três pressupostos acima indicados, pelo que, mesmo em se tratando de criminalidade organizada, apenas poderiam intervir os demais critérios do domínio do fato [...].[12]

É verdade que Claus Roxin chegou a rever essa sua teoria (a do domínio da organização). No entanto, seu arrependimento não se deu por força de sua aplicação às organizações criminosas, mas sim porque sua teoria foi erroneamente aplicada no âmbito da criminalidade econômica, punindo-se, por exemplo, o presidente de uma empresa, que tem finalidade lícita, por um suposto crime ocorrido na ponta (pode-se pensar em um não recolhimento de tributo, uma infração ambiental, ou mesmo um crime contra o consumidor).

Em outras palavras, o que incomodou o autor foi o fato de uma teoria criada para ser aplicada a organizações precipuamente voltadas para o

---

12 DIAS, Jorge de Figueiredo. *Questões fundamentais do direito penal revisitadas*, p. 366.

crime ter sido desviada para punir pessoas ligadas a instituições com finalidade lícita. Aqui, sim, seria possível vislumbrar responsabilidade objetiva.

Diante do exposto, tivesse, na Ação Penal Originária n. 470, sido aplicada a teoria do domínio da organização, o líder teria sido condenado por todos os crimes atribuídos aos vários acusados, ou seja, por peculato, lavagem de dinheiro, corrupção ativa, corrupção passiva, evasão de divisas e gestão fraudulenta de instituição financeira. Isso porque, uma vez criada a estrutura, uma vez elaboradas as engrenagens, postas as normas, presume-se que o líder tinha o controle sobre TODOS os atos criminosos.

Contrariamente ao que fora alardeado, uma decisão judicial que procura estabelecer as responsabilidades dos diversos intervenientes em um crime, com base na teoria do domínio do fato, é uma decisão garantista, que segue à risca o art. 29 do Código Penal, segundo o qual o agente deverá ser responsabilizado na medida de sua culpabilidade.

Parte III
Da sanção

19. A função da pena
20. Princípios constitucionais relativos à pena
21. Penas privativas de liberdade
22. Penas restritivas de direitos
23. Pena de multa
24. Aplicação da pena
25. Concurso de crimes
26. Erro na execução e resultado diverso do pretendido
27. Suspensão condicional da pena
28. Livramento condicional
29. Efeitos da condenação
30. Reabilitação
31. Medida de segurança
32. Ação penal
33. Extinção da punibilidade
34. Prescrição

19 A função da pena

Como se apontou na primeira parte deste livro, em virtude de o direito penal ser a mais forte arma de que o Estado pode se valer constituindo intromissão extremamente gravosa na vida do indivíduo, já que, em última instância, o priva de sua liberdade, os pensadores que se dedicaram ao estudo desse ramo do Direito sempre questionaram a legitimidade estatal para a aplicação das penas, sendo extremamente comum haver confusões entre a missão, o objetivo do direito penal e os fins ou a função da pena.

Como também foi consignado na primeira parte deste livro, tem prevalecido o entendimento de que, em um Estado Democrático de Direito, o direito penal deve ter a missão de proteger bens jurídicos reconhecidos pelo constituinte e, posteriormente, pelo legislador ordinário entre os valores mais caros à sociedade. Isso significa que os bens jurídicos já existem na sociedade, sendo, a depender de sua importância, eleitos pelo constituinte e pelo legislador.

Pois bem, havendo uma missão indubitavelmente democrática para a existência do direito penal (proteção de bens jurídicos), cumpre avaliar qual seria a função da pena propriamente dita, o que se busca com a aplicação de punição em um caso concreto.

Existem várias correntes que tentam explicar a finalidade da pena, sendo certo que a maior parte dos autores, como aliás fez o legislador pátrio na Parte Geral do Código Penal, prefere adotar um posicionamento misto ou eclético, atribuindo à pena, ao mesmo tempo, as funções de retribuir e prevenir o crime.

Com efeito, nos termos do art. 59 do Código Penal, a pena será aplicada atendendo-se à culpabilidade, aos antecedentes, à conduta social, à personalidade do agente, aos motivos, às circunstâncias e consequências do crime, bem como ao comportamento da vítima; devendo ser estabelecida conforme seja necessário e suficiente para a *reprovação e a prevenção do crime*.

FUNÇÃO RETRIBUTIVA

A teoria que vislumbra na pena função retributiva parte do pressuposto de que o crime é um mal, devendo ser retribuído (pago) com outro mal, que é a pena. Trata-se de uma teoria que poderia ser reputada mesquinha, na medida em que põe o Estado na condição de vingador. Por isso, muitos autores ficam constrangidos em assumir que a pena tem uma finalidade retributiva.

Independentemente das críticas que possam ser feitas à ideia de retribuição, existem dois grandes méritos que devem ser atribuídos a essa teoria.

O primeiro deles diz respeito à coragem de reconhecer que a pena é um mal, pode até ser um mal necessário, mas é um mal. A teoria retribucionista não comunga da hipocrisia de outras teorias que tentam "vender" a pena como um bem para o apenado, como será evidenciado adiante.

Outro grande benefício inerente à teoria da retribuição diz respeito à consagração da proporcionalidade entre o mal praticado (o crime e a consequente lesão a um bem jurídico protegido) e o mal impingido ao agente (a pena).

Tendo a pena função retribuidora, necessariamente, o tipo e a quantidade da pena a ser aplicada ficam diretamente relacionados à culpabilidade do agente, ou seja, à reprovabilidade da conduta por ele praticada.

Visando a afastar essa natureza vingativa da sanção penal, vinculada ao passado (tanto que a retribuição remonta à alegoria da ilha deserta, onde, ainda que o condenado fosse o último indivíduo vivo, a pena deveria ser cumprida), passou-se a buscar uma finalidade para a pena ligada ao futuro.

Daí surgiram as teorias que atribuíam à pena uma função preventiva, posteriormente batizada de prevenção geral negativa.

FUNÇÃO PREVENTIVA GERAL NEGATIVA

Defender a ideia de que a pena tem por função a prevenção geral negativa significa dizer que o Estado pune o autor de um crime para dar exemplo aos demais indivíduos, que, teoricamente, por temerem ser igualmente punidos, não praticarão delitos.[1]

Essa teoria parte do princípio de que o agente, antes de praticar um delito, para e avalia a pena à qual está sujeito e também as probabilidades de ser pego e punido, desistindo da prática delituosa quando, pela punição de outros indivíduos, tiver maior certeza de punição.

É óbvio que, se o agente tiver absoluta certeza da punição, ele deixará de praticar o crime que tenha planejado.

No entanto, há de se convir que quem decide praticar um delito conta que não será apanhado, sendo extremamente questionável a efetividade dessa suposta função da pena. Sendo esse o seu fim exclusivo, talvez ela não se justifique, pois a prevenção geral negativa instrumentaliza o indivíduo que é tomado como exemplo, como verdadeiro "bode expiatório", o que é absolutamente incompatível com a dignidade humana.

FUNÇÃO PREVENTIVA GERAL POSITIVA

Além da existência da retribuição e da prevenção geral negativa, mais recentemente se passou a defender a tese de que a pena tem por finalidade a prevenção geral positiva. Por essa teoria, a pena não é aplicada para retribuir um mal praticado ou para afastar de potenciais criminosos a ideia de cometer delitos. A pena seria aplicada para demonstrar aos cidadãos em geral que compensa cumprir as normas e respeitar os valores eleitos como caros por uma sociedade.

Os adeptos do funcionalismo, radical ou não, normalmente veem na pena essa função de prevenção geral positiva. No entanto, os funcionalistas, principalmente os radicais, encabeçados por Jakobs, acabam por confundir a finalidade da pena com a missão do direito penal, preconizando que não só a pena é aplicada para mostrar aos cidadãos em geral que compensa

---

[1] BECCARIA, Cesare. *Dos delitos e das penas*, p. 52; livro que deve ser lido por todo estudante de Direito. Nele Beccaria defende a finalidade preventiva geral negativa da punição.

cumprir a lei, mas também que o próprio direito penal existe para revalidar as normas postas, independentemente do seu conteúdo.

A prevenção geral positiva, por si só, não pode receber as mesmas críticas que o funcionalismo radical, que, como visto, despe o direito penal e a necessidade de se observar as suas normas de qualquer valoração; prega, em última análise, a obediência pela obediência.

Já a finalidade preventiva geral positiva da pena até pode conviver com a missão do direito penal de defender bens jurídicos; no entanto, deve-se chamar a atenção para o perigo de, tal como ocorre com a prevenção geral negativa, instrumentalizar o indivíduo, transformando-o em "bode expiatório", nesta para confortar os bons pais de família, naquela para barrar eventuais criminosos.

Atualmente, a função preventiva geral positiva é a mais aceita pela doutrina, que não vislumbra nela os males que maculam as demais. No entanto, dada a íntima relação de tal teoria com o funcionalismo, entendo que ela pode se revelar totalitarista.

Com efeito, na medida em que a pena é aplicada para reforçar o valor da norma, a adoção dessa teoria poderia, no limite, ensejar penas mais graves para situações mais brandas, a fim de fazer internalizar aqueles valores ainda não definitivamente aceitos pela sociedade. Em outras palavras, essa teoria pode estimular a desproporcionalidade.

Muitos autores acreditam que a função da pena não é retribuir um mal praticado, prevenir a prática de novos crimes nem dar o exemplo. Focam a função da pena no indivíduo, seja para segregá-lo, afastá-lo da sociedade ou eliminá-lo, seja para recuperá-lo, reinseri-lo, ressocializá-lo, reformá-lo, reeducá-lo. Vejamos.

FUNÇÃO PREVENTIVA ESPECIAL NEGATIVA

Essa função exclusivamente segregacionista atribuída à pena, pouco assumida em razão de suas bases visivelmente repulsivas, recebe o nome de prevenção especial negativa. É especial por, diversamente do que ocorre com a prevenção geral, visar ao indivíduo criminoso e não a terceiros; e negativa por ter o fim de extirpar da sociedade elemento que, em tese, não lhe é conveniente.

FUNÇÃO PREVENTIVA ESPECIAL POSITIVA

A segunda versão da prevenção especial recebe o qualificativo positiva. A prevenção especial (fundada no indivíduo criminoso) positiva está diretamente relacionada às chamadas teorias RE. Segundo essas teorias, que deram fundamento às escolas correcionalista e da defesa social, a pena tem a função de RESSOCIALIZAR, REEDUCAR, RECUPERAR, REINSERIR etc. o indivíduo.

No discurso, isto é, em tese, trata-se de teoria extremamente louvável. Não resta dúvida de que a prevenção especial positiva, de todas as teorias que tentam explicar a função da pena, é a mais fácil de ser defendida e justificada, sendo extremamente comum ler em artigos "científicos" e mesmo em textos jornalísticos afirmações no sentido de que o sistema penitenciário está falido, já que não atende à função de reeducar os criminosos.

Apesar da beleza aparente, a teoria da prevenção especial positiva, entre todas as teorias relativas à função da pena, indubitavelmente, é a mais perigosa.

Primeiro, em razão de apresentar a pena, que, sem sombra de dúvidas, é um mal, como um bem para o apenado. Situação muito parecida à de decretar a prisão preventiva de alguém para proteger esse alguém de um potencial linchamento, ou à do pai que diz espancar o filho para que ele aprenda o que é certo ou errado.

O Estado não recupera ninguém, não reeduca ninguém. E isso independentemente das condições do sistema carcerário. Como costuma apontar Miguel Reale Júnior, em aulas e palestras, as pessoas se modificam, sim, mas não por força da ação estatal. Um criminoso pode decidir mudar sua vida em razão de um amor, de uma perda pessoal, da adoção de uma religião etc. Esse paternalismo, essa falsa proteção remete a um autoritarismo do qual o Brasil vem tentando se afastar.

Além dessa crítica ideológica, atribuir à pena a função de reeducar o indivíduo traz em seu bojo o perigo de justificar penas desproporcionais ao crime por ele praticado e, no limite, penas indeterminadas, como proposto por Pedro Dorado Montero, adepto da teoria correcionalista, em obra intitulada *Bases para un nuevo derecho penal*.[2]

---

[2] "A los enfermos, los envian los médicos a los hospitales, o los tratan en sus casas, mientras sea necesario, no por más ni por menos tiempo; sin declarar desde el primer día de la curación a plazo

Poder-se-ia, diante de todas essas críticas feitas à teoria da prevenção especial positiva, pretender aduzir que, se o Estado, por meio da pena, não tem o poder de reeducar o criminoso, os presídios não precisariam ser reformulados para atender aos requisitos mínimos de salubridade estabelecidos por lei, bem como para tornar possíveis o estudo e o trabalho dos presos.

No entanto, as exigências legais de salubridade, espaço físico, atribuição de trabalho etc., durante o cumprimento da pena de prisão, não estão relacionadas a uma suposta finalidade de recuperação, mas sim ao respeito à dignidade humana garantido pela Constituição Federal, já em seu primeiro artigo.

Em *Ingerência indevida*, ao falarmos sobre as finalidades da pena, relatamos exercício que sempre dividimos com nossos alunos ao tratar dessa matéria.

Em referido exercício, pedimos aos alunos para fecharem os olhos e imaginarem que ganharam uma semana, com acompanhante, em um hotel de luxo, com tudo pago. Ao cabo dessa semana, o prêmio se repete e assim sucessivamente. Durante toda a estada, os hóspedes ficam proibidos de sair dos limites do hotel.

Com esse exercício, os alunos percebem que, se a primeira semana foi um paraíso, com o passar do tempo, a privação de liberdade se transforma em um inferno. Em outras palavras, por melhores que sejam as prisões, elas continuam sendo prisões. E a pena privativa de liberdade, até por impossibilidade lógica, não ressocializa ninguém.

CONSIDERAÇÕES FINAIS

Como já asseverado, o Código Penal brasileiro optou por adotar uma teoria mista, atribuindo à pena a função de, conjuntamente, retribuir e prevenir o delito.

Claus Roxin e Jorge de Figueiredo Dias, que vislumbram na pena a finalidade preventiva geral positiva, admitem a retribuição apenas como

---

fijo. Lo propio debe hacer el médico de policía cuando disponga, por ejemplo, la reclusión de un individuo peligroso para la seguridad social en un asilo para bebedores, o en una casa de trabajo forzoso; le tendrá sometido al correspondiente tratamiento curativo y tutelar por el tiempo que sea necesario para mejorarlo, no por más ni por menos" (DORADO MONTERO, Pedro. *Bases para un nuevo derecho penal*).

medida, como limite da punição. Disso, tem-se que a retribuição não seria uma finalidade, mas a proporcionalidade que lhe é inerente seria o limite do tipo e do quanto da pena.

Com relação a esse assunto, Luigi Ferrajoli traz contribuição bastante original. Para o autor, além da finalidade de prevenir a prática de delitos, a seu ver, extremamente questionável, a pena e o próprio direito penal teriam o fim precípuo de evitar a barbárie, a vingança privada e as punições excessivas.[3]

Até em virtude de seguirmos a ideia de que o direito penal só pode incidir nas situações mais sérias da vida, ou seja, quando restam lesados e em perigo concreto os bens jurídicos mais relevantes, sustentamos, contrariamente à maior parte da doutrina, que a finalidade da pena é retribuir o mal praticado.

Apenas a finalidade retributiva da pena reconhece que a pena é o mal com o qual se retribui o mal representado pelo crime.

Entendo ser muito importante reconhecer que a pena é um mal, para não correr o risco de aplicá-la para o "bem" do criminoso. Ademais, ao reconhecer que a pena é um mal, sua aplicação somente se justifica quando um mal é efetivamente praticado. Assim, não se corre o risco de ver a pena privativa de liberdade aplicada para forçar os indivíduos a fazer e ser como o Estado entende adequado.

A retribuição é a única finalidade da pena que efetivamente limita o direito penal ao mínimo. As demais, em alguma medida, possibilitam o alargamento da punição.

---

3 FERRAJOLI, Luigi. *Derecho y razón*: teoría del garantismo penal, p. 334.

Princípios constitucionais relativos à pena 20

Em um Estado Democrático de Direito, as penas devem ser proporcionais à ação praticada, sendo sua execução individualizada às condições do condenado.

A Constituição Federal, apesar de não falar expressamente no princípio da proporcionalidade das penas, pelo art. 5º, XLVI, XLVIII e L, garante a sua individualização.

DIREITO PENAL DO FATO *VERSUS* DIREITO PENAL DE AUTOR

Antes de abordar especificamente os princípios da proporcionalidade e da individualização da pena, que, em certa medida, caminham juntos, é necessário falar um pouco a respeito da conquista que representou a adoção do direito penal do fato, que se contrapõe ao direito penal de autor.

Direito penal do fato é aquele que se baseia na reprovabilidade, no desvalor social da ação praticada pelo agente. A reprovação social e, consequentemente, a punição do ato estão relacionadas ao ferimento ou à exposição ao perigo de um bem jurídico importante para uma sociedade.

Ao contrário, o direito penal de autor não se funda no ato praticado, mas no sujeito que o pratica. Trata-se do direito penal ligado à ideia de periculosidade social,[1] abandonada pela legislação pátria quando da reforma da Parte Geral do Código Penal, em 1984.

---

1 Para que o estudante possa sentir o que significa aplicar o direito penal de autor e não o direito penal do fato, aconselha-se assistir ao filme *Doze homens e uma sentença*, no qual, explicitamente,

O direito penal de autor está sempre associado aos regimes totalitários, que, na maior parte das vezes, escolhem os "tipos" de pessoas que lhes são contrárias. Pode-se dizer que os precursores do direito penal de autor foram os positivistas, cujo representante mais conhecido foi Cesare Lombroso,[2] médico que, com fulcro em critérios supostamente científicos, "reconhecia" um criminoso antes mesmo de ele haver praticado qualquer ato típico.

No entanto, seu auge se deu no nazismo, pois os indivíduos eram punidos por serem judeus, ciganos ou homossexuais, independentemente de terem praticado algum ato.

O comunismo também se lastreia no direito penal de autor. Em resumo, todo regime não democrático acaba controlando os indivíduos por meio do direito penal, que criminaliza pessoas e não fatos.

Pode parecer descabido falar acerca da oposição que houve entre o direito penal do fato e o direito penal de autor neste capítulo. No entanto, tal incursão é necessária para evitar que se incorra no erro de aduzir que o princípio da individualização da pena referendaria um retrocesso ao direito penal de autor.

Por referido princípio, a pena deve ser aplicada com base no fato, havendo apenas um ajuste à culpabilidade do agente. O princípio da individualização da pena não implica retorno ao direito penal de autor, pois neste a própria atribuição de culpa (de responsabilidade pelo ato) se baseia no que o indivíduo é e não no que ele fez.

No direito penal do fato, algumas características pessoais são levadas em conta no momento da aplicação da pena (depois de aferida a culpa) e em sua execução.

Para aprofundar a dicotomia – direito penal de autor *versus* direito penal do fato –, sugerimos o estudo de Roxin.[3]

---

percebe-se que a condenação de um jovem estrangeiro se fundaria em sua origem, e não em provas de que tenha praticado algum delito.

2 No Brasil, além do sistema escravocrata, os negros foram vítimas de um direito penal de autor direcionado à sua raça, considerada inferior e mais propensa à prática de delitos. Por acreditar nessa maior propensão "natural" do negro para praticar delitos, o médico Nina Rodrigues chegou a advogar que deveriam ser cominadas penas inferiores para pessoas de referida raça, já que seriam quase que irresponsáveis por seus atos, tendo em vista um determinismo biológico. A esse respeito, aconselhamos a leitura de NINA RODRIGUES, Raymundo. *As raças humanas e a responsabilidade penal no Brasil*: com um estudo do Prof. Afrânio Peixoto, e SCHWARCZ, Lilia Moritz. *O espetáculo das raças*: cientistas, instituições e questão racial no Brasil – 1870-1930.

3 ROXIN, Claus. *Derecho Penal*: Parte General, tomo I, p. 176-7.

PRINCÍPIO DA INDIVIDUALIZAÇÃO DA PENA

A individualização da pena, como foi dito, é garantida pela Constituição Federal e tem três momentos muito bem delimitados.

O primeiro é o da cominação da reprimenda. Ao prever uma quantidade mínima e uma quantidade máxima de pena para determinada ação delituosa, o legislador faz o primeiro exercício de individualização da pena. Isso porque, pensando na ação em tese, isto é, em teoria, procura estabelecer qual seria a punição proporcional às manifestações mais e menos graves daquela mesma ação.

O estelionato praticado pelo ambulante que, utilizando fôrmas de empadinha, finge haver uma bolinha sob uma delas e cobra de transeuntes para que adivinhem onde a bolinha está tem reprovabilidade diversa da do estelionato perpetrado por pessoa que se apresenta como advogado, obtém procuração de idosos e, com o documento, transfere para si os bens das vítimas.

Quando da cominação, a individualização nada mais é que um exercício de proporcionalidade entre o fato a ser punido e a pena que lhe será atribuída.

O segundo momento da individualização, diversamente do que ocorre com o primeiro, é concreto. Trata-se do momento da aplicação da pena, de responsabilidade do magistrado.

Nessa fase, o juiz, diante de um fato concreto, de uma ação delituosa já praticada e não em tese, deve decidir, dentro daquele intervalo de pena estipulado pelo legislador, qual seria a punição proporcional ao desvalor da conduta do agente. Nesse momento, o juiz levará em conta os critérios trazidos pelo art. 59 do Código Penal, que ainda serão estudados, sempre tendo em mente que o ordenamento jurídico penal se baseia no direito penal do fato.

Aplicada a pena, passa-se para o terceiro momento da individualização, ou seja, a fase da execução, durante a qual o sexo, a idade, as condições de saúde bem como o comportamento do apenado podem fazer com que duas penas idênticas sejam cumpridas de maneira totalmente desigual mas nem por isso injusta. Essa desigualdade está diretamente relacionada à individualização da pena, garantida em âmbito constitucional.

Percebe-se, como dito no início, que o princípio da individualização acaba por confundir-se com o da proporcionalidade. No entanto, deve-se atentar para o fato de este ser mais amplo que aquele.

PRINCÍPIO DA PROPORCIONALIDADE DA PENA

Enquanto a individualização da pena, em tese ou em caso concreto, sempre pressupõe a proporcionalidade entre a reprimenda e o dano ou perigo causado ao bem jurídico, a proporcionalidade deve verificar-se não apenas entre uma ação delituosa e sua punição, mas entre as diversas ações delituosas e as diversas punições previstas em um mesmo ordenamento.

Com efeito, para que o direito penal não reste desacreditado, utilizando armas mais potentes que o necessário para uma situação concreta, é mister que tanto o legislador quanto o magistrado se esforcem para prever e aplicar sanções compatíveis com a gravidade da lesão causada ao bem jurídico protegido, de forma proporcional à importância desse bem na sociedade e no ordenamento jurídico.

Não é razoável, sendo portanto arbitrário, punir mais severamente as ofensas ao patrimônio que as ofensas à vida ou à liberdade individual, apesar de, muitas vezes, o ordenamento pátrio fazer isso.

A não observância do princípio da proporcionalidade gera arbítrio e, em última análise, instiga a prática de delitos, na medida em que o agente poderia preferir praticar uma conduta mais grave, por ser menos apenada que uma de menor lesividade.

PRINCÍPIO DA HUMANIDADE DA PENA

Além de o Estado Democrático de Direito ter como pressupostos a proporcionalidade e a individualização das penas, nos termos do art. 5º, XLVII, da Constituição Federal, no Brasil não se convive com a pena de morte,[4] com penas de caráter perpétuo, de trabalhos forçados, de banimento nem penas cruéis.

Nesse dispositivo, o constituinte está reconhecendo o princípio da humanidade da pena. Na verdade, está tentando conciliar a pena com a dignidade humana, garantida já no início da Constituição.

---

4   Salvo em caso de guerra declarada.

Com toda a polêmica existente em torno da pena de morte, vedá-la significa, em última instância, evitar que o Estado venha a se igualar ao criminoso; sem contar que existe o risco de erro judiciário.

Com relação à segunda proibição, é importante chamar atenção para o fato de o constituinte não falar em pena perpétua, e sim em pena de caráter perpétuo.

Isso significa que estão vedadas não só aquelas condenações que determinam a permanência do indivíduo preso por toda a vida, mas também as punições que, tendo em vista a expectativa de vida do ser humano, na prática, representam uma punição eterna.[5] Percebe-se daí ser absolutamente constitucional e adequado o limite máximo de trinta anos, estabelecido no art. 75 do Código Penal.[6]

A proibição de trabalhos forçados, às vezes criticada, deve ser compreendida como uma forma de evitar a atribuição de tarefas excessivas e desumanas e, em segundo lugar, de assegurar a dignidade do trabalho mediante o pagamento, ainda que simbólico. A concessão de trabalho remunerado na prisão constitui um direito do preso, que, muitas vezes, serve para evitar que a família sofra a pena de, além de ficar privada do convívio, suportar a ausência da ajuda material proporcionada pelo encarcerado. Deve-se lembrar que parte do montante recebido é utilizada para o pagamento das próprias despesas resultantes da prisão. Além disso, nunca é demais reforçar o fato de a escravidão haver sido, ainda que tardiamente, abolida. Cumpre ainda tomar cuidado para que as prisões não sejam transformadas em negócios.

O banimento, caracterizado pela expulsão de um brasileiro do território nacional, também resta proibido pela Constituição por não ser compatível com a dignidade humana privar os indivíduos do convívio com seus familiares e amigos e, principalmente, com sua cultura natal, sendo inclusive um princípio informador da execução da pena privativa de liberdade a busca de estabelecimentos que propiciem o contato do preso com seus entes mais

---

5 A esse respeito, aconselhamos a leitura de SHECARIA, Sérgio Salomão; CORREA JR., Alceu. *Pena e Constituição*: aspectos relevantes para sua aplicação e execução, p. 87-8.

6 Sérgio Salomão Shecaira e Alceu Correa Júnior lembram ainda que "a proibição constitucional diz respeito ao caráter perpétuo de qualquer pena, e não somente no que concerne à privação perpétua da liberdade" (Ibidem, p. 87).

próximos. É importante lembrar que o banimento não se confunde com a expulsão de estrangeiro que comete crimes no território nacional; ou com a extradição de estrangeiro que delinquiu fora do território nacional e teve sua extradição pedida por autoridade competente, para fins de cumprir pena compatível com as admitidas por nosso ordenamento. A vedação de penas cruéis foi uma fórmula ampla que o constituinte encontrou para proibir todo tipo de punição que agrida a integridade física do condenado (amputações, torturas etc.) ou a sua dignidade humana (submissão a humilhações e a condições absolutamente insalubres).

Em seu art. 5º, XLVI, a Constituição admite, expressamente, as penas de privação ou restrição da liberdade, perda de bens, multa, prestação social alternativa e suspensão ou interdição de direitos. Atendendo a esse rol, necessariamente fechado, o Código Penal prevê, no art. 32, que as penas podem ser privativas de liberdade, restritivas de direitos e multas, que serão estudadas adiante.

Como já apontado, ao vedar as penas de morte, de caráter perpétuo e de trabalhos forçados, o banimento e as punições cruéis em geral, ainda que de forma indireta, a Constituição de 1988 consagrou o princípio da humanidade da pena, que – não obstante a punição, por si só, constituir uma forma de agressão – deve ser observado para que a agressão estatal não seja arbitrária e afrontosa à dignidade humana. Vale lembrar que, como bem aponta Alberto Silva Franco, esse princípio resta introjetado em outros dispositivos constitucionais, como o que proíbe a tortura e o tratamento cruel (art. 5º, III, da CF).[7]

Estudiosos do sistema prisional sempre denunciaram a insustentável situação dos presídios, onde os condenados ficam o tempo todo ociosos e findam mergulhando, de forma quase definitiva, no mundo do crime.

Recentemente, o ministro da Justiça, que é a autoridade competente para enfrentar as mazelas que assolam o sistema prisional, declarou que preferiria morrer a ficar preso em um dos estabelecimentos brasileiros.

Mesmo reconhecendo a barbárie que impera no sistema prisional, o Ministério da Justiça, por meio do Departamento Penitenciário, não conseguiu investir toda a verba prevista no orçamento para esse fim nos presídios.

---

7   FRANCO, Alberto Silva. *Crimes hediondos*, p.57.

O princípio da dignidade humana e, por conseguinte, a vedação de penas cruéis já seriam suficientes para que, nas prisões, os condenados tivessem acesso à educação, à profissionalização, à saúde.

Dúvidas não há acerca de que a sociedade também ganha com esses investimentos, pois o tratamento digno aos presos pode servir de incentivo para que, ao sair da prisão, o egresso abandone o mundo do crime.

Não é porque a pena é castigo (isso não se pode negar) que o Estado não deve aproveitar a oportunidade de conferir ao condenado condições mínimas para mudar de vida. Afinal, penas menos desumanas também servem à segurança pública.

PRINCÍPIO DA RESPONSABILIDADE PENAL SUBJETIVA, OU PESSOALIDADE DA PENA

A Constituição Federal também garante a responsabilidade penal subjetiva, afastando, por consequência, a responsabilidade penal objetiva.

Com efeito, em seu art. 5º, XLV, a Constituição Federal assegura que "nenhuma pena passará da pessoa do condenado". A princípio, o dispositivo pode até se mostrar desnecessário, pois parece lógico que apenas o condenado possa sofrer os efeitos, pelo menos os diretos, da punição, não sendo justo ou racional estendê-los a familiares.

No entanto, nossa história bem recente evidencia a necessidade da previsão, como revela a leitura da sentença condenatória de Tiradentes.[8]

Algumas acusações formuladas e condenações prolatadas relativamente aos crimes praticados no âmbito de empresas[9] também revelam a necessidade de a Constituição Federal garantir a responsabilidade subjetiva.

De fato, sob o argumento de que os crimes praticados em empresas são de difícil apuração, sendo igualmente difícil especificar quem, dentro da estrutura da empresa, seria o responsável pela conduta delitiva, cada vez mais acusações e até condenações genéricas são admitidas contra todos os sócios; sendo comum a inclusão em processos-crime de senhoras que apenas

---

8   Aconselhamos a leitura de DOTTI, René Ariel. "Sobre a condenação de Tiradentes". In: *Revista Brasileira de Ciências Criminais*, v. 1, f. 1, jan-mar.-1993, p. 131-5.
9   Como exemplos podem ser citados os crimes contrários à ordem tributária, ao sistema financeiro, aos consumidores, ao meio ambiente etc.

constam dos contratos sociais de empresas administradas pelo esposo. Já houve até casos de mortos terem sido denunciados pela prática de crimes ocorridos no âmbito de uma empresa, tendo em vista o fato de o contrato social não ter sido alterado à época do falecimento.

Pode-se perceber do constante deste capítulo que o estudo do direito penal está intimamente relacionado à Constituição Federal, sendo muito importante que o estudante, consciente disso, insira em seus hábitos a consulta permanente à Magna Carta. A Constituição Federal, antes do Código Penal, deve ser o primeiro manual daqueles que querem aprender a trabalhar com o direito penal.[10]

---

10 Certa vez, ministrando aulas a uma turma de 4º ano, falando justamente dos princípios constitucionais relacionados ao direito penal, fui interrompida por uma aluna que indagou quando ingressaríamos na matéria. A pergunta revelou uma concepção muito limitada do estudo do direito penal. Como resposta, expliquei à aluna que havia mais de uma hora que estávamos tratando da matéria. Na verdade, desde o momento em que abrimos a Constituição Federal, estávamos estudando direito penal.

21
Penas privativas de liberdade

Quando se fala em pena, a primeira coisa que vem à mente é a privação da liberdade por meio da prisão. Como já apontado, o nosso ordenamento jurídico admite outros tipos de punição, ainda que a título de substituição. Não obstante, a prisão ainda é a forma mais tradicional de punição,[1] nas palavras de Foucault, a "detestável solução, de que não se pode abrir mão".[2]

ESPÉCIES DE PENAS PRIVATIVAS DE LIBERDADE: RECLUSÃO E DETENÇÃO

O Código Penal trata das penas privativas de liberdade em seus arts. 33 a 42. Além de estarem previstas no Código Penal, as penas privativas de liberdade são disciplinadas pela Lei de Execução Penal (Lei n. 7.210/84). Como o próprio nome diz, a Lei de Execução Penal disciplina todo o cumprimento da pena. A existência dessa lei faz com que a execução penal seja judicial, e não meramente administrativa. Desse modo, muito embora o diretor do presídio tenha participação, principalmente atestando sobre o

---

[1] Prova isso a dificuldade ainda enfrentada para difundir, junto ao Poder Judiciário, os benefícios trazidos pela aplicação das penas restritivas de direitos, conhecidas como alternativas.

[2] Foucault aponta que a pena de prisão se consagrou apenas no século XIX, tomando, no entanto, de forma quase definitiva, o lugar das punições até então vigentes, como os suplícios públicos. Para esse autor, a consagração da prisão, hoje vista como a forma mais natural de punição, deve-se primeiro à pretensão de igualar os indivíduos, já que a liberdade, diferentemente do patrimônio, é igualmente cara para todos e também à capacidade desse tipo de pena de tornar dóceis os indivíduos (FOUCAULT, Michel. *Vigiar e punir*: história da violência nas prisões, p. 196).

comportamento do preso, todas as decisões relativamente ao cumprimento da pena ficam afetas ao Juízo da Execução.

Pois bem, são previstos dois tipos de penas privativas: a reclusão e a detenção. Para saber qual desses dois tipos deve ser aplicado a determinado crime, basta ler o tipo penal, ou seja, a definição legal do crime, pois, em cada uma das definições, antes de ser apontada a quantidade de pena cabível para o delito, determina-se se a pena será de reclusão ou de detenção.[3]

Os crimes apenados com reclusão normalmente são mais graves que os apenados com detenção. Não obstante, na prática, não existem grandes diferenças entre esses dois tipos de pena. Na verdade, a única diferenciação que permanece diz respeito ao regime em que se inicia o cumprimento da pena.

Com efeito, nos termos do art. 33, *caput*, do Código Penal, a pena de reclusão pode ser cumprida, desde o início, em qualquer dos três regimes possíveis (fechado, semiaberto, aberto), ao passo que a pena de detenção somente se inicia nos regimes semiaberto e aberto, sendo possível regredir para o fechado, nas hipóteses elencadas no art. 118 da Lei de Execução Penal.

De acordo com o art. 112 dessa lei, a progressão para o regime menos rigoroso ocorrerá após o cumprimento de um sexto da pena no regime anterior.

No caso de crime considerado hediondo, ou dos crimes equiparados, quais sejam a tortura, o tráfico ilícito de entorpecentes e o terrorismo, nos termos do art. 2º, § 2º, da Lei n. 8.072/90 (Lei dos Crimes Hediondos), a progressão ocorrerá após o cumprimento de 2/5 (dois quintos) da pena, para o condenado primário, e 3/5 (três quintos) para o reincidente, leia-se reincidente em crime hediondo, ou equiparado.[4]

Referido diploma legal, em seu art. 2º, § 1º, determina que as penas correspondentes aos crimes hediondos sejam inicialmente cumpridas em regime fechado, afastando, portanto, a regra da Parte Geral, que relaciona o regime inicial à quantidade de pena imposta.

---

3   São exemplos de crimes apenados com reclusão o homicídio doloso, o estupro, o sequestro e o cárcere privado e de crimes apenados com detenção o infanticídio, a ameaça e a lesão corporal leve.

4   Acerca da progressão de regimes, em caso de condenações por crimes hediondos e equiparados, conferir a Súmula Vinculante n. 26 do Supremo Tribunal Federal.

REGIMES DE CUMPRIMENTO DAS PENAS PRIVATIVAS DE LIBERDADE: FECHADO, SEMIABERTO E ABERTO

Independentemente da quantidade de pena aplicada a um condenado que tenha praticado um crime apenado com detenção, tem-se que sua punição deverá, necessariamente, iniciar-se ou no regime semiaberto ou no regime aberto de cumprimento de pena.

Considera-se regime fechado o cumprimento da pena em estabelecimento de segurança máxima ou média e regime semiaberto o cumprimento da pena em colônia agrícola, industrial ou estabelecimento similar, nos quais a segurança não é tão ostensiva como nos estabelecimentos de regime fechado. O regime aberto relaciona-se ao cumprimento da pena nas chamadas Casas de Albergados, ou albergues, praticamente inexistentes.

O regime aberto de cumprimento de pena foi incluído em nosso ordenamento com a reforma da Parte Geral do Código Penal, em 1984.

A determinação do regime inicial do cumprimento da pena está relacionada a critérios objetivos e subjetivos.

Além do critério objetivo acima apontado, ou seja, o referente à necessidade de a detenção iniciar-se ou no regime semiaberto ou no aberto, deve-se respeitar o critério objetivo da quantidade de pena atribuída ao condenado.

Como estatui o § 2º do art. 33 do Código Penal, as penas superiores a oito anos *deverão* ser inicialmente cumpridas no regime fechado; as superiores a quatro anos e iguais ou inferiores a oito *poderão* ser cumpridas, desde o início, no regime semiaberto; e as iguais ou inferiores a quatro *poderão* ser cumpridas, desde o começo, em regime aberto. Nos dois últimos casos, condiciona-se a regra à não reincidência do condenado.[5]

No parágrafo anterior, destacaram-se as palavras "deverão" e "poderão". Esse destaque tem o fim de enfatizar que, na hipótese de a pena ser superior a oito anos, o juiz estará vinculado à necessidade de fixar, como regime inicial de cumprimento da pena, o fechado. Nos dois outros casos, o juiz poderá fixar um regime diverso do correspondente à quantidade de pena, desde que justifique.

---

5 A esse respeito, conferir a Súmula n. 269 do Superior Tribunal de Justiça, a qual estatui que "é admissível a adoção do regime prisional semiaberto aos reincidentes condenados a pena igual ou inferior a quatro anos se favoráveis as circunstâncias judiciais".

É justamente nas situações em que o juiz não observa o critério objetivo da quantidade de pena que os critérios subjetivos de determinação do regime inicial de cumprimento devem ser lembrados. Esses elementos subjetivos estão no art. 59 do Código Penal e também servem como critério para a fixação da pena-base. São eles: culpabilidade, antecedentes, conduta social, personalidade, motivos, circunstâncias e consequências do crime, além do comportamento da vítima, os quais serão estudados quando da análise da aplicação da pena.

A esse respeito, é importante enfatizar que têm sido comuns discrepâncias inaceitáveis em sentenças condenatórias, pois, muitas vezes, analisando-se os mesmos critérios apontados pelo art. 59 do Código Penal, o magistrado fixa a pena-base no mínimo legal e, apesar de o condenado preencher os requisitos objetivos para iniciar o cumprimento de sua pena em um regime menos grave, determina o regime mais grave.[6]

Esse tipo de decisão é contraditório, já que os critérios que dão ensejo à fixação da pena no mínimo legal não podem justificar a aplicação do regime mais grave.[7]

Até o momento, falou-se em fixação do regime inicial de cumprimento de pena. O termo inicial é utilizado porque, como apontado na introdução desta terceira parte, por força do princípio da individualização da pena, uma mesma quantidade de punição pode ser cumprida de maneiras totalmente diversas.

Assim, não importa o regime em que se inicia o cumprimento da pena, o condenado deve, preenchidos os critérios objetivos (cumprimento de, ao menos, um sexto da pena no regime anterior)[8] e subjetivos (mérito), progredir, isto é, passar de um regime mais gravoso para um menos gravoso; pode também regredir e passar de um regime menos gravoso para um mais gravoso. Na hipótese de regressão, um condenado à pena de detenção poderá ser encontrado em regime fechado.

---

6   Esse tipo de disparidade é muito encontrado nas condenações pelo crime de roubo com uso de arma.
7   No sentido de que tal contradição é inconcebível são as decisões prolatadas pelo Superior Tribunal de Justiça. A título de exemplo, pode-se consultar o acórdão referente ao Recurso Especial n. 300.719/SP, julgado em 06.02.2003, e relatado pelo Ministro Fernando Gonçalves (*DJU* 24.02.2003). Ainda acerca do tema, é muito importante conferir a Súmula n. 719 do Supremo Tribunal Federal, bem como a Súmula n. 440 do Superior Tribunal de Justiça.
8   Art. 112 da Lei n. 7.210/84 (Lei de Execução Penal).

Estando preenchidos os requisitos para a progressão (objetivos e subjetivos), a passagem para o regime mais brando constitui um direito do preso e não uma concessão do Estado. Daí, na ausência de vagas no regime menos severo, entendemos, contrariamente à Súmula n. 491 do Superior Tribunal de Justiça, que o condenado deverá ser posto em liberdade.

Também por força do princípio da individualização da pena, as mulheres, tal qual garante o art. 5º, XLVIII e L, bem como o art. 37 do Código Penal, cumprirão pena em estabelecimento próprio, respeitando-se a sua condição pessoal de mulher e, se for o caso, de mãe.[9]

O condenado à pena privativa de liberdade que for acometido de doença mental, como dispõe o art. 41 do Código Penal, deverá ser recolhido a hospital de custódia e tratamento psiquiátrico, ou a outro estabelecimento adequado, atentando-se para o fato de o tempo de tratamento contar como cumprimento de pena.

Também deve ser computado na pena o tempo que o condenado ficou preso provisoriamente.[10] Assim, se a um condenado for fixada a pena de seis anos de reclusão, sabendo-se que ele ficou preso provisoriamente por dois anos, tem-se que lhe resta cumprir apenas quatro anos. A essa operação dá-se o nome de detração.[11]

Com o aumento da violência urbana, cada vez mais se tornaram comuns comentários no sentido de que os condenados à pena privativa de liberdade são tratados com muita regalia, que recebem moradia e alimentação do Estado, que têm mais direitos que os cidadãos de bem etc. Também não são raras afirmações no sentido de que todas as mazelas que permeiam o sistema penitenciário são pequenas perto das aflições que os condenados mereceriam.

Com todo o respeito aos sentimentos justos e justificáveis de vítimas e familiares de vítimas, é importante que o estudante de Direito procure se manter um pouco mais imparcial, lembrando-se, acima de tudo, de que a pena é a privação da liberdade, o que, por si só, já representa muito.

---

9 As presas têm direito de permanecer com seus filhos durante o período da amamentação.
10 Existem vários tipos de prisão provisória (decorrente de flagrante, preventiva, temporária, decorrente de sentença condenatória recorrível, de pronúncia). Em regra, a prisão provisória é decretada e mantida sempre que for necessária para garantir a instrução processual (colheita de provas) ou a aplicação da lei penal, por exemplo, nas hipóteses em que o processado ameaça fugir.
11 Art. 42 do Código Penal.

Não fazem parte da pena a privação de higiene, a submissão a abusos sexuais, o abuso de autoridade, a insalubridade ou a condição de dormir em pé por falta de espaço, entre outras situações degradantes.

Respeitar a dignidade humana do preso, além de constituir observância à Constituição Federal, é uma forma de desestimular a reincidência e, por conseguinte, melhorar a segurança pública.

Penas restritivas de direitos 22

O art. 43 do Código Penal, com redação dada pela Lei n. 7.209/84, alterado pela Lei n. 9.714/98, prevê os seguintes tipos de penas restritivas de direitos: prestação pecuniária, perda de bens ou valores, prestação de serviços à comunidade ou entidades públicas, interdição temporária de direitos e limitação de fim de semana.

Nos termos do art. 44 do Código repressivo, as penas restritivas de direitos substituem a privativa de liberdade[1] quando esta não exceder quatro anos[2] e o crime não for praticado com violência ou grave ameaça à pessoa ou, qualquer que seja o tanto de pena aplicada, quando o crime for culposo.

Para a substituição, também deverão ser avaliados a culpabilidade, os antecedentes, a conduta social e a personalidade do condenado, além de se verificar se a substituição da pena privativa de liberdade pela restritiva de direito será suficiente. Preenchidos os critérios objetivos para a substituição,

---

[1] Portanto, em regra, primeiro o magistrado aplica uma pena privativa de liberdade para depois decidir acerca da substituição por uma restritiva de direito. O art. 28 da Lei n. 11.343/2006, que criminaliza o porte de drogas para uso próprio, constitui uma exceção a essa regra, uma vez que comina, diretamente, penas restritivas de direitos.

[2] Até a edição da Lei n. 9.714/98, somente as penas inferiores a um ano podiam ser substituídas pelas restritivas de direitos. O alargamento do âmbito de substituição das privativas de liberdade pelas restritivas de direitos foi severamente criticado por Miguel Reale Júnior, que viu na alteração legislativa uma forma de fugir da responsabilidade de tornar efetiva a prisão-albergue, criada em 1984, privilegiando o regime aberto. Aconselhamos a leitura de DOTTI, René Ariel et al. *Penas restritivas de direitos*: críticas e comentários às penas alternativas, Lei n. 9.714, de 25.11.1998, p. 37-8.

caso decida por não substituir a pena privativa de liberdade pela restritiva de direito, o magistrado terá de justificar tal ato, evidenciando qual ou quais dos elementos subjetivos apontados o ensejaram, já que a substituição constitui um direito do condenado e não um benefício conferido pelo Estado.

A esse respeito, é importante ressaltar que, tal como permite o § 3º do art. 44 do Código Penal, a reincidência genérica não impede a substituição da pena privativa de liberdade pela restritiva de direito, devendo o magistrado, no caso concreto, avaliar o cabimento da substituição. Já a reincidência específica em crime doloso, que se dá quando posteriormente a uma condenação definitiva o condenado volta a praticar o mesmo tipo delitivo, impede a substituição.[3]

Como determina o § 2º do art. 44 do Código Penal, se a condenação for pena igual ou menor que um ano (pena de até um ano), a substituição será feita por uma única pena restritiva de direito ou por uma multa. No entanto, se a condenação for pena superior a um ano, a substituição deverá ser feita por duas penas restritivas de direitos,[4] ou por uma pena restritiva de direito e uma multa.[5]

Nada impede que, sendo a pena privativa de liberdade superior a um ano e menor ou igual a quatro anos, o magistrado a substitua por uma pena de multa e por uma pena de prestação pecuniária. Ambas não se confundem, a multa não é uma pena restritiva de direito. Juntamente com as privativas de liberdade e as próprias restritivas, a multa é o terceiro tipo de pena, e cumpre consignar que a multa é paga ao Estado e não a uma pessoa ou instituição específica.

PRESTAÇÃO PECUNIÁRIA

A pena de prestação pecuniária, além de constituir um dos tipos de penas restritivas de direitos, deve ser paga à vítima, a seus dependentes ou à instituição de finalidade social (pública ou não). Trata-se de destinatários determinados.

---

3   A reincidência específica em crime culposo não impede a substituição.
4   Por exemplo, uma prestação pecuniária em conjunto com a interdição temporária de direitos.
5   Por exemplo, uma pena de prestação pecuniária e uma multa.

Com efeito, nos termos do art. 45, § 1º, do Código Penal, a pena de prestação pecuniária consiste no pagamento em dinheiro à vítima, a seus dependentes ou à entidade pública ou privada com destinação social de importância fixada pelo juiz, não podendo ser inferior a um salário mínimo nem superior a 360 salários mínimos. O valor pago deverá ser deduzido do montante fixado em eventual condenação em ação de reparação civil, isso, obviamente, na hipótese de serem os mesmos beneficiários. Assim, no caso de o autor de um furto ter sido condenado a pagar determinada importância a um orfanato, a título de pena de prestação pecuniária, vindo o proprietário da coisa furtada a propor ação civil para a reparação de seus danos, tem-se que do montante a que for condenado não será descontado o valor pago como pena à referida instituição.

Há alguns anos, tem-se observado um movimento de valorização da vítima no processo penal, e a introdução da pena de prestação pecuniária, por meio da Lei n. 9.714/98, constitui mais uma forma de exteriorização dessa valorização.[6]

O § 2º do art. 45 do Código Penal permite que, havendo aceitação do beneficiário, a prestação não tenha natureza pecuniária, ou seja, em vez de o condenado entregar dinheiro à vítima ou à instituição indicada pelo magistrado, poderá entregar alimentos, medicamentos ou outro bem ajustado com o magistrado.

Esse permissivo legal pode revelar-se útil ao condenado e ao beneficiário. Por exemplo, na hipótese de uma farmácia haver deixado de recolher seus impostos na época adequada, vindo seu proprietário a ser condenado pela prática de crime tributário, tem-se que o magistrado poderá condená-lo à pena de prestação pecuniária, entregando, no lugar de dinheiro, medicamentos a um hospital infantil predeterminado.

---

6   A Lei n. 9.099/95, que introduziu em nosso ordenamento institutos como a transação civil, transação penal e suspensão condicional do processo com reparação do dano, constituiu o ponto alto dessa valorização. A esse respeito, é interessante relatar que, na condição de ministro da Justiça, no segundo semestre de 2002, Miguel Reale Júnior constituiu uma comissão, presidida por René Ariel Dotti, para avaliar, na prática, a aplicação, os méritos e deméritos da Lei n. 9.099/95. Com a saída de Miguel Reale Júnior do Ministério da Justiça, a referida comissão foi incorporada pelo Instituto Brasileiro de Ciências Criminais (IBCCrim).

PERDA DE BENS OU VALORES

A perda de bens ou valores pertencentes aos condenados ocorrerá em favor do Fundo Penitenciário Nacional (FUNPEN), não podendo exceder o montante do prejuízo causado, ou o proveito auferido pelo condenado ou por terceiro, em decorrência da prática do crime.[7] Daí se depreende que apenas as condenações relativas a delitos que tenham consequências patrimoniais são compatíveis com esse tipo de pena.[8]

Havendo previsão legal, o destino dos bens perdidos pode ser diverso. Em caso de condenação por tráfico ilícito de entorpecente, por exemplo, os bens perdidos serão destinados aos programas que visam à prevenção do uso de substâncias entorpecentes e ao tratamento de dependentes, como determina o art. 243, parágrafo único, da Constituição Federal.

É importante tomar cuidado para não confundir o perdimento de bens (pena restritiva de direito), com o perdimento de bens previsto no art. 91, II, *b*, do Código Penal, que, como mais adiante será verificado, não constitui pena, mas efeito da condenação, ou seja, além da pena, o condenado perde os bens que são produto do crime.

Além de se distinguirem pela própria natureza (um dos perdimentos é pena e o outro é efeito da condenação), os bens passíveis de serem perdidos também constituem uma forma de diferenciar os perdimentos de bens já mencionados. Enquanto o perdimento efeito da condenação recai apenas sobre os produtos do crime ou bens que constituam proveito auferido com a prática do crime, a lei não exige, em nenhum momento, que a pena restritiva de perdimento de bens recaia sobre bens relacionados ao crime que ensejou a condenação.

Assim, o condenado pode ser apenado com a perda de qualquer bem ou valor que integre o seu patrimônio, desde que, como dito, não exceda o limite máximo do dano causado ou do benefício auferido com a prática do delito.

---

[7] Art. 45, § 3º, do Código Penal.
[8] DOTTI, René Ariel et al. *Penas restritivas de direitos:* críticas e comentários às penas alternativas, p.113.

PRESTAÇÃO DE SERVIÇOS À COMUNIDADE

A terceira modalidade de pena restritiva de direito é a prestação de serviços à comunidade, que consiste na atribuição de tarefas gratuitas ao condenado. Como estipula o art. 46 do Código Penal, somente as penas privativas de liberdade superiores a seis meses podem ser substituídas pela prestação de serviços à comunidade.

Os serviços serão prestados em entidades assistenciais, escolas, orfanatos, hospitais, programas comunitários e outros estabelecimentos da mesma natureza, devendo-se, quando da determinação das tarefas a serem desempenhadas pelo condenado, levar em consideração as suas aptidões e não podendo atrapalhar a sua jornada normal de trabalho, pois o Estado não tem nenhum interesse em vê-lo desempregado.

Assim, sendo o condenado um marceneiro, ele poderá ser direcionado para prestar seus serviços em uma creche que necessite de mobiliário. Ou, tratando-se de um profissional de saúde, ele poderá ser condenado a atender às crianças de um orfanato, bem como um cabeleireiro poderá ser levado a prestar seus serviços aos moradores de um asilo.

De todas as penas restritivas de direitos, a prestação de serviços à comunidade revela-se a mais útil, na medida em que, além do serviço propriamente dito, possibilita maior integração do condenado com sua comunidade. A prestação de serviços à comunidade também é importante porque afasta o estigma que normalmente cerca as pessoas condenadas criminalmente. Assim, ganham as duas partes envolvidas.

Apesar de seus inegáveis benefícios, a pena de prestação de serviços à comunidade não é aplicada com a amplitude que poderia ter. Além da rejeição que normalmente se verifica para com as penas restritivas de direitos em geral, tem-se que, no que diz respeito à prestação de serviços, tal rejeição se acirra, sob o argumento de que a fiscalização exigiria uma logística de que não dispõe. Assim, ao substituir a pena privativa de liberdade pela restritiva de direito, o juiz acaba por "preferir" as penas de cumprimento instantâneo, principalmente a prestação pecuniária, perdendo-se um largo espectro de habilidades profissionais e artísticas.[9]

---

9   Visando a incentivar a aplicação das penas restritivas de direitos, em especial da pena de prestação de serviços à comunidade, em 2000 foi instituída, junto à Secretaria Nacional de Justiça, no

INTERDIÇÃO TEMPORÁRIA DE DIREITOS

Também constitui modalidade das penas restritivas de direitos a interdição temporária de direitos, que pode se concretizar mediante: 1) a proibição do exercício de cargo, função ou atividade pública, bem como de mandato eletivo; 2) a proibição do exercício de profissão, atividade ou ofício que dependam de habilitação especial, de licença ou autorização do poder público; 3) a suspensão de autorização ou habilitação para dirigir veículo; 4) a proibição de frequentar determinados lugares.[10]

De todas as penas restritivas de direitos, talvez a interdição seja a que tem maior reflexo na vida do condenado, que, em função da punição, fica temporariamente impossibilitado de exercer a sua profissão, com indissociáveis consequências econômicas.

Por isso, para que a pena privativa de liberdade possa ser substituída pela interdição de direitos, é necessário que o crime que deu ensejo à condenação tenha relação direta com o direito que restará interditado, sob pena de se tornar injustificada a interdição. A esse respeito, vale lembrar que, ao proibir o condenado de exercer seu cargo, profissão ou função, o magistrado, ainda que indiretamente, estará alcançando os familiares que dependem do trabalho do condenado para viver. Sabendo-se que a pena não pode passar da pessoa do condenado, deve-se tomar redobrado cuidado ao substituir a privativa de liberdade pela interdição de direitos.

Com relação à suspensão de habilitação ou autorização para dirigir, tem-se que, para assegurar a lógica da punição, é mister que a pena guarde relação com o crime praticado. Assim, na hipótese de um homicídio culposo ocorrido no trânsito, revela-se inteiramente apropriada a substituição por essa modalidade de punição.

Não obstante, tratando-se de um motorista profissional, pelas razões anteriormente apontadas, deve o magistrado procurar evitar a substituição por esse tipo de pena, para não comprometer a própria sobrevivência do condenado e de sua família.

Ministério da Justiça, a Central Nacional de Apoio e Acompanhamento às Penas e Medidas Alternativas (Cenapa), que, mediante convênios firmados com diversos estados da Federação, colaborou para a criação de centrais de apoio em todo o país.

10   Art. 47 do Código Penal.

A suspensão de autorização ou habilitação para dirigir pode ser determinada como pena restritiva de direito e, a partir da edição do Código de Trânsito, aplicada como pena principal.[11]

LIMITAÇÃO DE FIM DE SEMANA

A pena restritiva de direito também pode consistir na limitação de fim de semana, tal como prevê o art. 48 do Código Penal.

Trata-se da permanência do condenado, aos sábados e domingos, durante 5 horas, em casa de albergado ou outro estabelecimento adequado, sendo certo que, durante esse período, poderão ser ministrados cursos e palestras ou desenvolvidas atividades educativas.

Como asseverado quando do estudo do regime aberto de cumprimento de pena privativa de liberdade, as casas de albergado, introduzidas em nosso ordenamento jurídico pela reforma da Parte Geral do Código Penal, de 1984, não foram construídas pelo poder público. Assim, além de o regime aberto ter se transformado em prisão domiciliar, a pena restritiva de limitação de fim de semana praticamente não tem aplicação.

A esse respeito, cabe asseverar que a falta de casas de albergado não justifica a não aplicação da pena de limitação de final de semana, isso porque se trata de pena que poderia ser cumprida em oficinas culturais, em prédios públicos ou em ONGs (organizações não governamentais), onde os condenados poderiam até aprender alguma arte ou profissão. Até mesmo os prédios dos fóruns poderiam ser utilizados, durante os finais de semana, para tal fim.

Aliás, seria muito útil tentar conciliar a pena de prestação de serviços à comunidade com a pena de limitação de final de semana.

Com efeito, imagine quão significativa seria a iniciativa de impor aos condenados a prestarem serviços à comunidade, possuindo eles alguma capacidade especial, a incumbência de ensinar os presos condenados à limitação de final de semana.

Um médico, por exemplo, poderia dar orientações no campo da saúde. Encanadores, pedreiros, pintores e eletricistas poderiam ajudar na profissionalização. Um bacharel em Direito poderia ensinar cidadania; professores auxiliariam na alfabetização; e assim por diante.

---

11   Arts. 292 e 293 da Lei n. 9.455/97 (Código de Trânsito Brasileiro).

Ao conciliar as duas condenações, ganhariam os condenados e a própria sociedade. Não raras vezes, os serviços atribuídos são meramente burocráticos. Por falta de organização, perdem-se valiosas oportunidades.

DURAÇÃO DAS PENAS RESTRITIVAS DE DIREITOS

Nos termos do art. 55 do Código Penal, as penas restritivas de direitos de prestação de serviço à comunidade, interdição temporária de direito e limitação de fim de semana têm a mesma duração da privativa de liberdade substituída.

Assim, se o juiz substituir uma pena de um ano de detenção por limitação de fim de semana, tem-se que, durante um ano, o condenado terá seus fins de semana limitados.

Não obstante, no que concerne à prestação de serviço à comunidade, essa regra foi flexibilizada para os casos em que a pena privativa de liberdade é superior a um ano. Nessa hipótese, ao condenado fica facultado cumprir a pena em menor tempo, contanto que não seja em período inferior à metade da pena privativa de liberdade. Sempre se deve observar a razão de uma hora de tarefas para um dia de pena substituída.

Dessa forma, em caso de condenação à pena de três anos de detenção, substituindo-se tal pena por prestação de serviços à comunidade, poderá o condenado cumpri-la em três anos, em dois anos, em um ano e oito meses etc. O prazo mínimo de cumprimento dessa pena de três anos é a metade, ou seja, um ano e meio.

Essa possibilidade de cumprir a pena em menor tempo não implica permitir que o condenado trabalhe menos do que trabalharia na hipótese de cumpri-la em tempo maior. O que interessa é que, em mais ou menos tempo, preste todas as horas de serviço correspondentes aos dias a que foi condenado, não importando se ele trabalhará uma ou duas horas por dia, ou se concentrará oito horas no sábado.

DO NÃO CUMPRIMENTO DAS PENAS RESTRITIVAS DE DIREITOS

Quando não cumprida, nos termos do art. 44, § 4º, do Código Penal, a pena restritiva de direito deve ser convertida em privativa de liberdade.

Tratando-se de perdimento de bens ou prestação pecuniária, essa conversão não oferece maiores problemas. No entanto, na hipótese de a restritiva descumprida ser a prestação de serviços à comunidade, a interdição temporária de direito ou a limitação de fim de semana, tem-se que, para a conversão, deverá ser descontado o tempo de pena cumprido, respeitado um saldo mínimo de trinta dias de reclusão.

Exemplo: tendo uma pessoa sido condenada à pena privativa de liberdade de um ano, sendo a pena substituída por prestação de serviço à comunidade, certo é que, havendo o condenado cumprido a pena por oito meses e deixando, após esse período, de prestar o serviço injustificadamente, será determinada a conversão em pena privativa de liberdade, devendo o condenado cumprir quatro meses de pena, ou seja, os doze meses a que havia sido condenado, descontando-se os oito meses cumpridos.

A previsão de um saldo mínimo de cumprimento de pena se explica pelo intuito de evitar o abandono da pena, quando faltarem apenas alguns dias para seu cumprimento, ou seja, sabendo que se deixar de cumprir a restritiva de direito terá de cumprir pena privativa de liberdade, ainda que abandone a restritiva às vésperas de seu término, o condenado pensará duas vezes antes de abandoná-la, pois, mesmo nesse caso, terá de cumprir trinta dias de pena.

É extremamente salutar incentivar o Poder Judiciário a aplicar as penas restritivas de direitos e o Poder Executivo a fornecer os meios necessários ao cumprimento e à fiscalização desse tipo de pena.

Além dos benefícios diretos que implicam (prestação pecuniária à vítima e a entidades assistenciais, perda de bens para fundos federais etc.), as penas restritivas de direitos trazem benefícios indiretos que aproveitam a todos.

Com efeito, sob o aspecto econômico, tem-se que a condenação à pena restritiva de direito evita o dispêndio de vultosas quantias de dinheiro com a manutenção de homens encarcerados. Sob o enfoque da segurança pública, ao deixar de enviar mais uma pessoa ao cárcere, está-se colaborando para evitar a sua reincidência, sem contar os problemas individuais e sociais trazidos com a superlotação carcerária.

Apesar de não ser partidária de nenhuma forma de abolicionismo, não é possível negar que a pena privativa de liberdade finda sendo muito deletéria. Não raras vezes, o egresso, mesmo querendo mudar de vida, fica preso a dívidas e relacionamentos estabelecidos dentro do sistema prisional, tornando-se refém. Muitos já saem com a incumbência de praticar crimes para saldar seus débitos, isso quando não se filiam a organizações criminosas. Quanto mais pessoas forem enviadas ao sistema prisional, mais mão de obra o crime organizado terá. Daí a importância de guardar a pena privativa de liberdade para aquelas situações mais reprováveis,[12] aplicando-se, sempre que possível, as penas restritivas de direitos.

No entanto, para que surtam efeito, é necessário que haja efetiva atribuição de tarefas e também a devida fiscalização, o que nem sempre acontece na prática, novamente, por falta de organização.

---

12 Homicídios, estupros, latrocínios, desvios de verba pública, exploração sexual de crianças e adolescentes, entre outros.

Pena de multa 23

Além das penas privativas de liberdade e restritivas de direitos, existe a possibilidade de o legislador cominar e o magistrado aplicar a pena de multa.

A pena de multa pode ser cominada como pena principal (isolada ou cumulativamente), ou pode ser aplicada em substituição à pena privativa de liberdade.

Na hipótese de a pena de multa ser substitutiva, vigora a regra do art. 44, § 2º, do Código Penal, segundo a qual as penas privativas de liberdade iguais ou inferiores a um ano podem ser substituídas por uma multa, e as penas privativas de liberdade superiores a um ano, que admitem a substituição pelas restritivas de direitos,[1] podem ser substituídas por duas restritivas ou por uma restritiva e uma multa.[2]

As penas de multa cominadas como principais, ou substitutivas, sempre são calculadas em dias-multa,[3] sendo no mínimo de 10 e, no máximo, de 360 dias-multa.[4]

---

1 São as penas privativas de liberdade que não superam quatro anos, ou as aplicadas a crimes culposos.
2 Essa regra foi introduzida no Código Penal pela Lei n. 9.714/98. Antes, vigorava o disposto no art. 60, § 2º, do Código, segundo o qual somente as penas privativas de liberdade não superiores a seis meses poderiam ser substituídas por pena de multa.
3 É comum os estudantes se confundirem com o termo dia-multa. Normalmente, eles querem entender o que vem a ser um dia-multa. É preciso ficar claro que o dia-multa nada mais é que a unidade criada para o cálculo da multa. Como as distâncias são medidas em quilômetros e metros, a multa é calculada em dias-multa.
4 Ver art. 49 do Código Penal.

Na sentença, o magistrado deve especificar quantos dias-multa o condenado deverá pagar e qual o valor de cada dia-multa. O valor do dia-multa varia de 1/30 (um trigésimo) do salário mínimo a 5 (cinco) salários mínimos.[5]

A quantidade de dias-multa está diretamente relacionada ao delito praticado pelo condenado, ou seja, ao determinar quantos dias-multa o condenado deverá pagar (dez, onze, vinte, cinquenta... 360), o magistrado terá de levar em consideração a culpabilidade do agente, as consequências do crime, os antecedentes etc.

Para definir o valor de cada dia-multa a ser pago, o magistrado deverá levar em conta a situação econômica do condenado. A multa não pode ser alta a ponto de privar o condenado e sua família dos meios necessários à sua subsistência e também não pode ser insignificante a ponto de não ser sequer sentida por quem a paga.

A quantidade de dias-multa será proporcional ao crime praticado, e o valor do dia-multa será proporcional ao patrimônio do condenado.

Por exemplo, o art. 171 do Código Penal, ao capitular o crime de estelionato, comina uma pena de 1 a 5 anos de reclusão e multa. Aqui a multa é cumulativa. Imaginando que o juiz aplique uma pena de um ano de reclusão, ou seja, a pena mínima, tem-se que, até por critérios lógicos, o número de dias-multa deverá ser fixado próximo do mínimo legal, isto é, em dez dias-multa. Os mesmos critérios avaliados para aplicar a pena privativa de liberdade serão analisados para a fixação dos dias-multa.

No entanto, para determinar o valor de cada um dos dez dias-multa, o juiz verificará a situação financeira do condenado. Tratando-se de estelionatário humilde, que aplicava pequenos golpes (por exemplo: venda de bilhetes supostamente premiados), o juiz deverá fixar o valor do dia-multa perto do mínimo, ou seja, um trigésimo do salário mínimo (o valor do salário mínimo dividido por trinta). Mas, sendo o estelionatário proprietário de um complexo empresarial, deverá o magistrado fixar o valor do dia-multa em montante superior àquele, por exemplo, em um, dois ou três salários mínimos.

Se, mesmo fixando o valor do dia-multa no limite máximo (cinco salários mínimos), o juiz entender que a pena é ineficaz, tendo em vista a situação

---

5 Ver art. 49, § 2º, do Código Penal.

econômica do condenado, nos termos do art. 60 do Código Penal, poderá aumentá-la até o triplo.

O importante é que o juiz deverá expressar as razões que o fizeram fixar o número de dias-multa e o valor dos dias-multa em uma ou outra quantidade.

A rigor, a multa deve ser paga dentro de dez dias depois do trânsito em julgado da sentença condenatória, ou seja, dez dias depois que a sentença se tornou definitiva, podendo, a requerimento do condenado, o juiz permitir que a multa seja paga em parcelas mensais. Os valores pagos a título de multa serão destinados ao Fundo Penitenciário (Funpen).

Até 1996, por força do então disposto no art. 51 do Código Penal, a pena de multa não paga era convertida em pena privativa de liberdade. Essa possibilidade era muito criticada, pois se entendia que a conversão da pena de multa em prisão significava admitir prisão por dívida, o que é vedado pela Constituição.

Com a edição da Lei n. 9.268/96, a redação do art. 51 do Código Penal foi alterada, determinando-se que, com o trânsito em julgado da sentença condenatória, "a multa será considerada dívida de valor, aplicando-se-lhe as normas da legislação relativa à dívida ativa da Fazenda Pública".

Com essa nova redação, ficou claro que o legislador vedou a possibilidade de a multa ser convertida em pena privativa de liberdade; restando igualmente claro que, na hipótese de não pagamento, a multa deverá, como qualquer outra dívida, ser cobrada por meio de ação de execução pautada em título judicial.

A dúvida ficou circunscrita a qual seria a autoridade competente para executar a dívida, sendo que houve manifestações favoráveis à competência do Ministério Público para tal execução e outras no sentido de que seria a Fazenda Pública que deveria executar a dívida. É certo que, apesar de ainda haver algumas discrepâncias, tem prevalecido o entendimento de que tal incumbência é da Fazenda.[6]

---

6   REALE JÚNIOR, Miguel. *Instituições de direito penal*: Parte Geral, v. 2, p. 75; GOMES, Luiz Flávio. *Estudos de direito penal e processo penal*, p. 236.

24 Aplicação da pena

Nos termos do art. 68 do Código Penal, para fixar a pena privativa de liberdade, o magistrado deve realizar uma operação trifásica. Primeiro, fixará a pena-base, seguindo os critérios estabelecidos pelo art. 59 do Código Penal; na sequência, considerará as circunstâncias atenuantes e agravantes; e, por último, as causas de diminuição e aumento de pena, previstas na Parte Geral e/ou na Parte Especial do Código Penal.

Apesar de o sistema de aplicação da pena ser, como visto, trifásico, nada impede que, em um caso concreto, tendo em vista a ausência de circunstâncias atenuantes e agravantes, bem como de causas de aumento e diminuição, a aplicação da pena tenha somente uma etapa, ou seja, a de fixação da pena-base.

Da mesma forma, não obstante o processo de fixação da pena privativa de liberdade ser trifásico, em razão das diversas possibilidades de substituição por penas restritivas de direitos e multa, poderá haver outras fases, além das três mencionadas, já que o juiz precisará se manifestar sobre a substituição da pena, motivando sua decisão.

Como já apontado, o legislador, ao criar um tipo penal, ou seja, ao imaginar uma conduta delituosa, pensa nas formas mais e menos gravosas de manifestação dessa mesma conduta, cominando a pena mínima para a modalidade menos reprovável de ação que imaginou e a pena máxima para a mais reprovável. É o primeiro momento da individualização da pena.

Quando aplicar a pena – o segundo momento da individualização –, o juiz terá de decidir, dentro do intervalo das penas cominadas, qual a pena justa para o caso concreto que avalia.

Quando o juiz escolhe uma pena dentro do intervalo cominado pelo legislador, ele está determinando a pena-base. É sobre a pena-base que serão aplicadas as circunstâncias agravantes e atenuantes, bem como as causas de aumento e diminuição.

Para escolher essa pena-base, o magistrado levará em consideração as circunstâncias (chamadas judiciais) elencadas no art. 59 do Código Penal, isto é, a culpabilidade, os antecedentes, a conduta social, a personalidade do agente, os motivos, as circunstâncias e consequências do crime, bem como o comportamento da vítima.

Na segunda parte deste livro, estudou-se a estrutura do crime, ocasião em que se verificou que a culpabilidade constitui um de seus elementos.

Pode parecer estranho apontar a culpabilidade como elemento do crime e, agora, como circunstância a ser considerada para a fixação da quantidade de pena. Mas, na verdade, não persiste a estranheza, se a culpabilidade for entendida como reprovação.

Ao condicionar a fixação da pena-base à análise da culpabilidade do condenado, o legislador está, por certo, assegurando que o magistrado não deixe de observar o princípio da proporcionalidade entre o mal causado ao bem jurídico protegido e a reprimenda.

Os motivos, as circunstâncias e as consequências do crime também estão relacionados a essa ideia de proporcionalidade entre o mal causado ao bem jurídico protegido e a reprimenda, sendo certo que, ao analisar a motivação do crime, o magistrado estará verificando em que medida o condenado levou em consideração os valores tidos como importantes para uma sociedade.

Deve-se tomar muito cuidado, no entanto, com as circunstâncias judiciais referentes à personalidade e à conduta social do condenado, bem como as relativas ao comportamento da vítima.

Quanto às duas primeiras, deve o magistrado ficar atento para não cair na tentação de punir o autor e não o fato por ele praticado. Como já asseverado, o direito penal baseia-se no fato e não no autor, devendo-se fundamentar nas lesões causadas ao bem jurídico e não em uma suposta periculosidade do agente.

Ao levar em consideração a personalidade e a conduta social do condenado, o magistrado deverá tomar o cuidado de relacionar essa personalidade e essa conduta social ao fato que julga, furtando-se de analisar a personalidade e a conduta social do condenado em geral, ou seja, opção sexual, religiosa etc.

Dessa forma, se alguém foi condenado por ter praticado um roubo, o magistrado, para fixar a pena, deverá avaliar se, durante a prática do delito, o condenado, além de ameaçar a vítima com uma arma, torturou-a psicologicamente, repetindo a todo tempo que a mataria. A personalidade e a conduta social do condenado devem ser avaliadas apenas na esfera em que guardam relação com o fato que está sob julgamento.[1]

Igualmente, ao levar em consideração a conduta da vítima, o magistrado deverá tomar cuidado para não se deixar levar por preconceitos, comuns, por exemplo, nos delitos sexuais, nos quais ainda existe uma tendência de responsabilizar a vítima, com insinuações relativas a vestimentas, comportamento, profissão etc.[2]

Também existe polêmica acerca do que vem a ser antecedente.

Primeiro, cabe esclarecer que falar em mau antecedente acaba sendo uma redundância, pois os antecedentes criminais são sempre maus. Ou uma pessoa tem ou não tem antecedentes, sendo totalmente desnecessário adicionar o adjetivo "mau".

Existem manifestações doutrinárias e decisões judiciais totalmente discrepantes no que diz respeito ao conceito de antecedentes. Há quem considere a existência de um inquérito ou de uma ação penal como antecedente, há

---

[1] Em virtude do subjetivismo que circunda as circunstâncias judiciais da conduta social e da personalidade, há muitos autores que advogam a exclusão de tais circunstâncias do art. 59 do Código Penal. Após fazer extensa análise de julgados e de tratar dos aspectos psicológicos envolvidos na fixação da pena, Luana Paschoal, em sede de dissertação de mestrado, manifesta-se em tal sentido. Também Tatiana de Oliveira Stoco, depois de tecer o histórico do subjetivismo no direito penal, chega à conclusão de que, pelo menos, a circunstância da personalidade não deve ser mantida. (PASCHOAL, Luana. "A conduta social e a personalidade do agente na fixação da pena". São Paulo, 2014. Dissertação (Mestrado). Faculdade de Direito, Universidade de São Paulo; e STOCO, Tatiana de Oliveira. "A personalidade do agente na fixação da pena". São Paulo, 2013. Dissertação (Mestrado). Faculdade de Direito, Universidade de São Paulo).

[2] Em sede de dissertação de mestrado, Nohara Paschoal analisou mais de dois mil acórdãos, todos referentes a crimes sexuais múltiplos perpetrados contra o mesmo tipo de vítima. O estudo conjugado dos acórdãos com a doutrina fez concluir que ainda há muito preconceito com relação às vítimas de crimes sexuais, sobretudo quando se comparam as penas aplicadas a esses crimes com aquelas fixadas para os crimes contrários ao patrimônio. A esse respeito, a autora pondera que se deve tomar cuidado com teses vitimológicas e vitimodogmáticas, que, muitas vezes, acabam desprestigiando o bem jurídico dignidade sexual (PASCHOAL, Nohara. "O estupro: uma perspectiva vitimológica". São Paulo, 2014. Dissertação (Mestrado). Faculdade de Direito, Universidade de São Paulo).

quem defenda a tese de que até mesmo inquéritos arquivados e ações penais com decisão absolutória são antecedentes.[3]

No entanto, em razão de a Constituição Federal garantir, em seu art. 5º, LVII, que "ninguém será considerado culpado até o trânsito em julgado de sentença penal condenatória",[4] tem-se que, a fim de não transformar essa garantia em letra morta, somente podem ser consideradas antecedentes, com consequências na fixação da pena, as ações penais que tenham terminado com sentença condenatória definitiva.

Assim, ao fixar a pena-base, o magistrado deverá verificar se, anteriormente, o condenado sofreu alguma condenação definitiva, não sendo justo que as investigações e ações em andamento sejam levadas em consideração na fixação da pena, pois poderão findar em absolvição.[5]

Uma leitura menos atenta do parágrafo anterior poderia levar à errônea conclusão de que se está confundindo antecedente com reincidência, já que o art. 63 do Código Penal dispõe que a reincidência se verifica quando o agente comete novo crime, depois de transitar em julgado a sentença que o condenou por crime anterior.

Análise mais cuidadosa demonstra que, para a caracterização da reincidência, como reza o artigo citado, é necessário que o segundo delito, ou seja, o fato propriamente dito, tenha sido praticado posteriormente ao trânsito em julgado da sentença condenatória.

No caso dos antecedentes, basta que a sentença condenatória pelo delito anterior anteceda a sentença referente ao segundo delito, não sendo necessário que o segundo crime tenha sido praticado depois da sentença condenatória.

Assim, uma pessoa que praticou um crime em janeiro de 2000, foi condenada definitivamente em janeiro de 2001 e voltou a praticar um delito em fevereiro de 2002, é considerada reincidente (o segundo crime ocorreu após o trânsito em julgado da sentença condenatória referente ao primeiro).

---

3   Aqui vigora o "princípio" de que, se houve ação, ainda que tenha advindo absolvição, é porque o réu devia; da mesma forma, se houve uma investigação, ainda que o inquérito tenha sido arquivado, é porque o investigado devia. Para aqueles que consideram ações penais com absolvição e inquéritos policiais arquivados como antecedentes, vigora o princípio da presunção absoluta de culpa.

4   Trata-se do princípio da presunção de inocência, ou do estado de inocência, que é profundamente estudado em processo penal.

5   Nesse sentido, aliás, é a Súmula n. 444 do Superior Tribunal de Justiça, que reza o seguinte: "É vedada a utilização de inquéritos policiais e ações penais em curso para agravar a pena-base".

Mas, se o segundo delito foi praticado antes do advento da sentença condenatória definitiva relativa ao primeiro crime, vindo a segunda sentença a ser prolatada posteriormente à primeira condenação, está-se diante de condenado com antecedente.

Pensando-se no exemplo anterior, da pessoa que cometera o crime em janeiro de 2000 e veio a ser definitivamente condenada em janeiro de 2001, tem-se que o magistrado poderá considerar tal condenação definitiva como antecedente, ao julgar outro crime praticado, por exemplo, em junho de 2000, ou seja, antes da primeira sentença condenatória definitiva.

Percebe-se que, dentro do intervalo estabelecido pelo legislador entre a pena mínima e a máxima, o juiz é livre para fixar a pena-base, devendo, no entanto, fazê-lo com fulcro nas circunstâncias listadas no art. 59 do Código Penal e sempre motivadamente, principalmente quando aplica a pena-base acima do mínimo legal.

Definida a pena-base, como já apontado, o magistrado considerará as circunstâncias agravantes e atenuantes encontradas nos arts. 61 a 66 do Código Penal.

As circunstâncias agravantes e atenuantes são sempre previstas na Parte Geral do Código Penal e não implicam aumento nem diminuição na determinação da pena-base. Fica a critério do magistrado, motivadamente, decidir em quanto as agravantes ou atenuantes influirão na pena final. É certo que, se houver concurso de agravantes e atenuantes, a pena deve aproximar-se do limite indicado pelas circunstâncias preponderantes, que são as que dizem respeito aos motivos do crime, à personalidade do agente e à reincidência.[6]

Com relação às atenuantes, também é grande a liberdade do magistrado, na medida em que o legislador, mediante o disposto no art. 66 do Código Penal, permitiu que outras circunstâncias relevantes, anteriores ou posteriores ao crime, mesmo quando não previstas expressamente em lei, atenuem a pena.

Prevalece o entendimento de que as circunstâncias agravantes não elevam a pena acima do máximo legal e as atenuantes não diminuem a pena abaixo do mínimo legal. Não obstante, existem decisões e manifestações no

---

6 Art. 67 do Código Penal.

sentido de que a atenuante deve incidir mesmo quando a pena-base for fixada no mínimo legal.

Se a agravante ou atenuante for prevista também na Parte Especial, como causa de aumento ou diminuição, ou ainda no caso de agravante como qualificadora, deixa de incidir a agravante ou atenuante prevista na Parte Geral do Código.

Por exemplo, ao homicídio simples, o legislador atribuiu uma pena de seis a doze anos de reclusão. O art. 121, § 2º, II, do Código Penal prevê que o homicídio será qualificado, recebendo uma pena de doze a trinta anos de reclusão, sempre que praticado por motivo fútil.

O art. 61, II, *a*, do Código Penal determina que o motivo fútil é circunstância que sempre agrava a pena.

Ora, a aplicação objetiva da lei levaria ao absurdo de a motivação fútil do crime qualificar o homicídio, elevando a pena ao dobro ou mais, e ainda agravando-a. A dupla consideração de uma mesma circunstância, além de irracional, resta vedada, tendo em vista a não admissão de *bis in idem*.[7]

Assim, no exemplo dado, prevalece a qualificadora.

A esse respeito, é importante consignar que se fala em qualificadora toda vez que o legislador, para um mesmo delito com circunstâncias especiais, fixar um intervalo de pena diferenciado, como acontece com o homicídio, que, quando simples, está sujeito a uma pena de seis a doze anos e, quando qualificado, por situações especificadas na lei, recebe uma pena de doze a trinta anos.

O mesmo ocorre com o furto. O autor de furto simples fica sujeito a uma pena de um a quatro anos de reclusão. Já o autor de furto qualificado[8] fica sujeito a uma pena de dois a oito anos de reclusão.

Percebe-se que os crimes qualificados trazem um intervalo de pena diferenciado, a maior punição não é decorrente de circunstância agravante ou causa de aumento de pena.

O terceiro momento da fixação da pena relaciona-se à verificação das causas de aumento e diminuição.

---

[7] Foi justamente o intuito de evitar o *bis in idem* que ensejou a edição da Súmula n. 241 pelo Superior Tribunal de Justiça.

[8] Praticado com destruição ou rompimento de obstáculo, com abuso de confiança, com emprego de chave falsa etc.

Vale lembrar que primeiro o juiz, analisando o art. 59, aplica a pena-base, depois avalia as circunstâncias agravantes e atenuantes e somente então considera as causas de aumento e diminuição.

Essas causas de aumento e diminuição de pena, diferentemente das circunstâncias agravantes e atenuantes, podem estar previstas na Parte Geral e na Parte Especial do Código e determinam sempre o tanto de aumento ou diminuição da pena.

Encontram-se exemplos de causas de aumento de pena no art. 157, § 2º, do Código Penal, segundo o qual a pena prevista para o roubo simples sofrerá aumento de um terço até a metade, se a violência ou ameaça for exercida com o emprego de arma; se houver concurso de duas ou mais pessoas etc.[9]

Encontra-se exemplo de diminuição de pena no § 1º do art. 121 do Código Penal, segundo o qual a pena de homicídio simples será diminuída de um sexto a um terço, se o agente cometer o crime impelido por motivo de relevante valor social ou moral, ou sob o domínio de violenta emoção, logo em seguida de injusta provocação da vítima.[10]

Nos termos do art. 68, § 1º, do Código Penal, é certo que, havendo concurso de causas de aumento ou de diminuição, o magistrado poderá limitar-se a um único aumento ou diminuição, prevalecendo a causa que mais aumente ou diminua.

Como já apontado, a observância dos passos acima ajuda o juiz a fixar a pena mais justa para o caso concreto; devendo-se, mais uma vez, lembrar que a garantia dessa justiça está diretamente relacionada à motivação da decisão judicial, motivação que deverá estar presente em todas as etapas da fixação da pena privativa de liberdade, bem como durante a análise da viabilidade das substituições.

Apenas a motivação possibilitará ao condenado, a seu defensor e aos cidadãos em geral compreenderem as razões que levaram o juiz a decidir por condenar àquela pena; e apenas a motivação possibilitará aos interessados, eventualmente, contestarem a decisão, exercendo o direito de recurso, diretamente relacionado ao duplo grau de jurisdição.

---

9   Percebe-se que se trata de roubo com aumento de pena, e não de roubo qualificado, como equivocadamente se costuma falar.
10 A essa situação se convencionou chamar de homicídio privilegiado.

Concurso de crimes | 25

Do mesmo modo que um crime pode ser perpetrado por uma ou mais pessoas em concurso, pode-se verificar mais de um crime ou mais de um resultado em uma mesma situação.

Quando isso ocorre, ou seja, quando em uma mesma situação se verifica mais de um crime ou mais de um resultado, está-se diante de um concurso de crimes.

O Código Penal, em seus arts. 69 e 70, disciplina, respectivamente, o concurso material e o formal de crimes e trata, em seu art. 71, do crime continuado.

Concurso material é o concurso por excelência, já que, quando ele ocorre, duas ou mais ações, com dois ou mais resultados que lhes são correspondentes, podem ser distinguidas em uma mesma situação.

Nos termos do art. 69 do Código Penal, existe concurso material de crimes quando o agente, mediante mais de uma ação ou omissão, pratica dois ou mais crimes, idênticos ou nao, aplicando-se, cumulativamente, as penas privativas de liberdade correspondentes aos delitos praticados.

É como se o agente tivesse praticado delitos totalmente independentes. A diferença é que, no caso de concurso, há uma relação entre as duas ações ou omissões. Para efeito de aplicação da pena, no entanto, não são feitas alterações, as penas serão somadas do mesmo modo.

Se alguém entra em uma residência habitada, subtrai pertences dos moradores dessa residência, quebra as louças da dona da casa e ainda estupra a filha dos proprietários, responderá, cumulativamente, pelos três crimes. Somam-se as penas correspondentes ao roubo, ao dano e ao estupro. Isso significa que as penas serão aplicadas tal qual seriam na hipótese de os crimes terem ocorrido em três dias diferentes.

De acordo com o art. 70 do Código Penal, o concurso formal se verifica quando, por meio de uma única ação ou omissão, o agente pratica dois ou mais crimes, idênticos ou não. É certo que, nessas hipóteses, deve ser aplicada uma única pena, se os crimes forem idênticos, ou a mais grave, se os crimes forem diversos; em qualquer caso, aumentada de um sexto até a metade.

Assim, caso alguém, ao dirigir o seu veículo, por desrespeito ao dever de cuidado, atropele não apenas uma mas três pessoas, tem-se que, com uma única ação, deu causa a três resultados, devendo, portanto, ser apenado uma vez; incidindo sobre a pena aplicada o aumento de um sexto até a metade dela, de acordo com a quantidade de resultados.

Ainda ao tratar do concurso formal, o legislador prevê que, sendo a ação ou omissão dolosa, em que resultem os crimes concorrentes de desígnios autônomos, a pena deve ser aplicada cumulativamente, como se se tratasse de concurso material.

Seria a situação, por exemplo, do agente que pega uma arma muito potente, enfileira três pessoas e dispara, matando as três. Nessa hipótese, apesar de o autor ter realizado uma única ação (houve um único disparo, feito em uma única direção), buscava, desde o início, os três resultados que efetivamente causou, respondendo, portanto, como se tivesse disparado sua arma três vezes na direção das três vítimas.

Percebe-se que a diferença entre os concursos material e formal está nas ações ou omissões envolvidas na causação dos resultados delituosos.

Cabe ressaltar que o parágrafo único do art. 70 do Código Penal chama atenção para a impossibilidade de a aplicação da regra do concurso formal resultar em pena superior à pena que resultaria com a aplicação da regra do concurso material. Ou seja, o limite da punição, na hipótese de concurso formal, é a soma das penas referentes aos crimes envolvidos.

No caso do crime continuado, não são as ações envolvidas que o caracterizam. Na verdade, trata-se de uma ficção jurídica que visa a evitar uma punição exacerbada para a prática reiterada de delitos. No momento em que surgiu esse instituto, objetivava-se evitar que a prática do terceiro furto fosse punida com a morte.[1]

---

1 "Os escritores clássicos e contemporâneos reconhecem no crime continuado uma ficção do Direito. A construção do instituto remonta aos juristas e práticos italianos da Idade Média, com o objetivo

Com efeito, nos termos do art. 71 do Código Penal, o crime continuado se verifica quando o agente, "mediante mais de uma ação ou omissão, pratica dois ou mais crimes da mesma espécie e, pelas condições de tempo, lugar, maneira de execução e outras semelhantes, devem os subsequentes ser havidos como continuação do primeiro".

Quando verifica a ocorrência de um crime continuado, o magistrado deve aplicar a pena correspondente a um dos delitos, se elas forem idênticas, ou a mais grave, se diversas, aumentando-a, em qualquer caso, de um sexto a dois terços.

Da leitura do dispositivo que disciplina a matéria, percebe-se que a caracterização do crime continuado depende: 1) da prática de dois ou mais crimes da mesma espécie; 2) das condições de tempo; 3) das condições de lugar; e 4) da maneira de execução.

Quando o legislador fala em crimes da mesma espécie, devem-se entender crimes que atentem contra o mesmo bem jurídico, não sendo necessário tratar-se do mesmo delito. Por conseguinte, não se pode estabelecer uma relação de continuação entre um furto e um estupro, por exemplo, sendo plenamente possível fazê-lo com dois furtos, ou um furto e um roubo, um furto simples e um furto qualificado.

Para que a continuidade delitiva possa ser reconhecida, é necessário que, entre os crimes, não haja um intervalo de tempo muito grande. A prática dos delitos deve observar uma sequência de tempo, lugar e maneira de execução, ou seja, deve haver semelhanças entre os delitos praticados e certa lógica na perpetração.

Não existe na doutrina nem na jurisprudência uma definição absoluta de qual seria o intervalo de tempo máximo entre dois ou mais crimes, para que se pudesse reconhecer a continuação. Alguns julgados mencionam o interregno máximo de um mês.

Igualmente, nem a doutrina nem a jurisprudência determinam as circunstâncias de lugar que caracterizam o crime continuado. Existem alusões à prática de delitos em uma mesma comarca ou, pelo menos, em um mesmo estado. No entanto, já houve casos em que a continuidade delitiva foi reconhecida para delitos cometidos por todo o território nacional.

---

de mitigar o rigor com que era punido o terceiro furto, em face de algumas legislações aplicarem a pena de morte para tais autores." DOTTI, René Ariel. *Curso de direito penal*: Parte Geral, p.538.

Na verdade, o magistrado terá de analisar o caso concreto e decidir, sempre motivadamente, se estão atendidos os requisitos legais que, indiscutivelmente, deixam grande liberdade ao julgador.

Por exemplo, uma pessoa que, durante seis meses, todos os finais de semana, pratica furtos e roubos em postos de gasolina localizados em cidades turísticas do interior paulista, sem sombra de dúvida, age em continuidade delitiva. Essa continuidade não será afastada se, em vez de circunscrever suas ações ao Estado de São Paulo, o agente seguir praticando seus crimes no Rio de Janeiro ou em Minas Gerais.

Existem alguns doutrinadores que, além dos requisitos legais, condicionam o reconhecimento do crime continuado à existência de unidade de desígnios, que seria o intuito inicial de praticar diversos delitos. Ou seja, para a caracterização do crime continuado, seria necessário provar que, mesmo antes de praticar o primeiro crime, o autor já objetivava realizar todos os demais. Assim, os outros crimes seriam um complemento do primeiro.

Miguel Reale Júnior, lembrando que o instituto da continuação implica o reconhecimento de uma menor gravidade, aponta a falta de lógica desse raciocínio.

Com efeito, não se poderia punir menos severamente alguém que planejou praticar diversos delitos. Para Reale Júnior, a continuidade delitiva e a menor punição que ela implica se explicam justamente pelo fato de o agente, tendo praticado o primeiro delito e não sendo pego, ter sido levado a acreditar na impunidade. Ele é incentivado, pela inatividade do próprio Estado, a perseverar na prática delitiva.

> [...] A concepção do crime continuado como vontade real, decorrente e submetida a unidade de resolução de uma série de crimes, contraria a finalidade do instituto, por privilegiar exatamente quem não tem culpabilidade diminuída, mas agravada por conduta de vida mais censurável. A culpabilidade resta diminuída na repetição de ações homogêneas, pois os crimes concorrentes colocam-se em uma sequência na qual o crime que se praticou facilita a renovação da conduta delituosa.[2]

---

2 REALE JR. Miguel. *Instituições de direito penal*: Parte Geral, v. 2, p.116.

Ainda com relação ao crime continuado, cumpre esclarecer que a lei não traz nenhuma restrição ao reconhecimento da continuidade nos casos de crimes contra as pessoas. Ao contrário, o parágrafo único do art. 71 do Código Penal evidencia que o legislador admitiu a continuidade em tal hipótese, tendo, no entanto, facultado ao magistrado aumentar a pena até o triplo, desde que, obviamente, esse aumento não faça ultrapassar a quantidade de pena que seria aplicada em eventual concurso material.

A possibilidade de aplicar a continuidade delitiva aos crimes praticados contra a pessoa, não raras vezes, gera injustiças, dada a desproporcionalidade. Para evitar essa situação, frequentemente, o Ministério Público oferece denúncias separadas. No entanto, por força do previsto no art. 75 do Código Penal, seja em processo único, seja em processos separados, as penas serão unificadas, de forma que não ultrapassem trinta anos.[3]

Nos termos do art. 72 do Código Penal, havendo concurso de crimes, as penas de multa devem ser aplicadas distinta e integralmente, como se se tratasse sempre de concurso material.[4]

---

3   Ver Súmula n. 715 do Supremo Tribunal Federal.
4   Acerca da pena de multa substitutiva no concurso de crimes, aconselhamos a leitura de BRAGA, Vera Regina de Almeida. *Pena de multa substitutiva no concurso de crimes*.

26 Erro na execução e resultado diverso do pretendido

Como visto quando do estudo da teoria do erro, nos termos do art. 20, § 3º, do Código Penal, o agente não é isento da pena se incorre em erro sobre a pessoa. Assim, se Caio, pretendendo matar Tício, põe fogo em sua cama, sem saber que, justamente naquela noite, Tício havia trocado de leito com seu irmão Mévio, tem-se que Caio responderá por homicídio, desconsiderando-se as condições pessoais de Mévio.

Algumas vezes, a pessoa errada é atingida, não em razão de uma alteração da situação idealizada pelo autor, como no caso supra, mas em razão de um erro na execução do crime. Assim, Caio, pretendendo matar Tício, dispara em sua direção e, por um erro de mira, acaba matando Mévio, que estava muito próximo a Tício. É a hipótese prevista no art. 73 do Código Penal, segundo o qual, como ocorre na situação anterior, o autor responde pelo delito, considerando-se as condições pessoais da vítima visada, e não as da efetivamente atingida.

Note-se que a consequência jurídica é a mesma, apesar de o encadeamento fático ser diferente.

Ocorre que, em certos casos, o erro na execução leva o autor a atingir a pessoa a que ele visava e também um terceiro, alheio ao conflito. Em hipótese de tal natureza, o art. 73 do Código Penal determina que seja aplicada a regra do concurso formal, isto é, aplica-se uma pena se se tratar de crimes idênticos ou a maior se forem diversos, aumentando-a de um sexto até a metade.

Ainda recorrendo ao exemplo anterior, tem-se que, por erro, Caio mata Mévio, fere ou mata Tício e então recebe uma pena de homicídio, aumentada de um sexto até a metade, a critério do magistrado, que, como sempre, precisará justificar o aumento aplicado. Esse tipo de erro recebe o nome de *aberratio ictus*.

O Código trata ainda do erro na execução que gera resultado diverso do pretendido pelo agente, *aberratio delictis*, estatuindo que, sendo prevista a conduta em sua forma culposa, o agente responderá pelo resultado a título de culpa. É certo que, caso obtenha os dois resultados (o pretendido e o consequente do erro), também deverá ser aplicada a regra do concurso formal.

Imagine que alguém pretenda quebrar a janela de uma vizinha, atirando uma pedra contra os vidros. Exatamente no momento do arremesso, a dona da casa abre a janela e tem o olho atingido pela pedra jogada. O autor não pretendia ferir a vítima, pretendia apenas quebrar a sua janela. Queria praticar um dano e praticou uma lesão corporal. Como o crime de lesão corporal prevê a forma culposa, o agente será punido por esse delito.

Utilizando o mesmo exemplo, na hipótese de o agente, ao jogar a pedra, quebrar a janela e ferir o olho da proprietária da casa, deverá responder pelos dois delitos, aplicando-se a regra prevista para o concurso formal.

27
Suspensão condicional da pena

Nos termos do art. 77 do Código Penal, "a execução da pena privativa de liberdade, não superior a 2 (dois) anos, poderá ser suspensa, por 2 (dois) a 4 (quatro) anos". Trata-se da suspensão condicional da pena, ou *sursis*.

Aplicada a pena privativa de liberdade não superior a dois anos, poderá o magistrado, na sentença, suspender sua execução pelo período de 2 a 4 anos.

Para que faça jus à suspensão condicional da pena, o condenado não pode ser reincidente em crime doloso,[1] devendo ainda o magistrado analisar os elementos do art. 59 (culpabilidade, antecedentes, conduta social, personalidade do agente, motivos e circunstâncias do crime) e decidir se a medida é cabível no caso concreto.

O art. 77, em seu inciso III, determina que, antes de decidir pela suspensão, o magistrado verifique se não seria cabível substituir a pena privativa de liberdade por uma restritiva de direitos.

O dispositivo tinha sentido anteriormente à edição da Lei n. 9.714/98, quando as penas restritivas de direitos substituíam as penas privativas de liberdade de, no máximo, um ano. Atualmente, verifica-se uma sobreposição de possibilidades, pois penas de até quatro anos podem ser substituídas por restritivas de direitos.

---

1 De acordo com o § 1º do art. 77 do Código Penal, a condenação anterior à pena de multa não impede a concessão do benefício.

Assim, tem-se que, aplicada uma pena privativa de dois anos, poderá o magistrado escolher entre convertê-la em uma restritiva de direitos ou suspender sua execução.

Graças a essa sobreposição de possibilidades, muitos doutrinadores, quando da edição da Lei n. 9.714/98, concluíram que o diploma legal estava, na realidade, acabando com o *sursis*.

Nesse sentido, manifestou-se Miguel Reale Júnior:

> O mais grave é que a nova lei não estabeleceu uma escala criteriosa na aplicação de penas em substituição às penas privativas de liberdade [...]. A extensão das penas restritivas às penas não superiores a quatro anos entra no sistema como corpo estranho, pois torna sem sentido a suspensão condicional da pena, bem como a própria prisão-albergue, que remanesce no Código.[2]

No mesmo diapasão é o entendimento de David Teixeira de Azevedo.[3]

Com efeito, pela sistemática do Código Penal, sendo cabível a substituição pela restritiva de direitos, não se aplica o *sursis*.[4]

O Código Penal prevê ainda o *sursis* etário, ao possibilitar a suspensão da execução da pena privativa de liberdade de até 4 anos, por um período de 4 a 6 anos, nas hipóteses de o condenado ser maior de 70 anos ou encontrar-se em estado de saúde que justifique a suspensão.

As considerações tecidas a respeito da sobreposição dos requisitos para a substituição da pena privativa de liberdade pela restritiva de direito e para o *sursis* também valem para o *sursis* etário.

---

2   DOTTI, René Ariel et al. *Penas restritivas de direitos*: críticas e comentários às penas alternativas, Lei n. 9.714, de 25.11.1998, p. 38.

3   "Inconsistência lógica e valorativa acabou por destruir o instituto da suspensão condicional da pena dentro da (i)lógica do novo sistema. A suspensão condicional da pena, que constitui resposta jurídica mais intensa e gravosa para o acusado, ficou reservada aos delitos de menor gravidade, portanto com penas não superiores a dois anos, enquanto a sanção que compõe um dos momentos da suspensão condicional, portanto de menor entidade e expressão, ficou reservada para delitos mais graves" (AZEVEDO, David Teixeira de. *Atualidades no direito e processo penal*, p. 173).

4   No entanto, tem-se verificado, na prática, uma preferência pela aplicação do *sursis*, que, diversamente do que ocorre com as restritivas de direitos, da forma como vem sendo aplicado, não demanda uma estrutura muito elaborada para a fiscalização de seu cumprimento. Por todos os benefícios trazidos pelas penas restritivas de direitos, especialmente pela pena de prestação de serviços à comunidade, é um desperdício verificar quão ínfima é a sua aplicação.

Decidindo o magistrado pela suspensão da execução da pena privativa de liberdade, serão impostas ao condenado algumas condições.

Em seu art. 78, o Código Penal prevê as condições que devem ser impostas ao condenado que se encontra em *sursis*. Nos termos do § 1º daquele dispositivo, o condenado deve, no primeiro ano da suspensão da pena, prestar serviços à comunidade ou submeter-se à limitação de final de semana (seria uma pena restritiva de direitos dentro da suspensão).

No entanto, como o § 2º do próprio art. 78 permite que o magistrado substitua essa prestação de serviços ou a limitação de final de semana por outras condições, tem-se que, na prática, as condições previstas no § 1º não são aplicadas. Mais uma vez, sob o argumento de que a fiscalização da prestação de serviços à comunidade seria muito trabalhosa.

As condições impostas ao condenado que teve a execução de sua pena suspensa são: proibição de frequentar determinados lugares, proibição de se ausentar da comarca em que reside sem autorização judicial, comparecimento mensal em juízo para justificar suas atividades, além de outras condições adequadas ao fato e à situação pessoal do condenado que podem ser fixadas pelo magistrado.

O Código Penal prevê ainda, em seu art. 81, as causas de revogação obrigatória e facultativa da suspensão da execução da pena privativa de liberdade.

São causas de revogação obrigatória do *sursis*: o advento de sentença condenatória irrecorrível contra o condenado por crime doloso; a frustração do pagamento da multa ou da reparação do dano, em caso de o condenado ser solvente, ou seja, com condições financeiras que permitam o pagamento; e o não cumprimento da pena restritiva de direito, quando imposta como condição do *sursis*.

Apesar de o Código, ao tratar das causas de revogação obrigatória, mencionar genericamente a condenação por crime doloso, deve-se esclarecer que a condenação por crime doloso à pena de multa não pode ser tida como causa de revogação do *sursis*, uma vez que a condenação anterior à pena de multa não impede a concessão da suspensão da pena.

Também com relação à frustração do pagamento da multa, devem ser tecidas algumas observações. Até a edição da Lei n. 9.268/96, o não pagamento da multa implicava a conversão em pena privativa de liberdade. Com o advento de referido diploma legal e a consequente alteração do art. 51 do Código Penal, a pena de multa não paga deverá ser convertida em dívida de valor e executada.

Se a multa não pode mais ser convertida em pena privativa de liberdade, logicamente, a frustração do pagamento da multa não pode mais ser considerada causa de revogação (obrigatória ou facultativa) do *sursis*.[5]

São causas de revogação facultativa do *sursis* – ou seja, fica a cargo do magistrado decidir se revoga a suspensão ou não – o descumprimento de qualquer outra condição imposta, bem como o advento de condenação irrecorrível por contravenção ou crime culposo.

A decisão do magistrado de revogar ou não o *sursis* deverá ser sempre motivada, e, no caso de sentença condenatória irrecorrível por crime culposo ou contravenção, parece justo adotar o critério da compatibilidade do cumprimento da pena imposta em tal condenação com o *sursis*.

Na hipótese de descumprimento dessa condição, a fim de evitar injustiças, é importante que, antes de decidir pela revogação, o magistrado dê ao condenado a oportunidade de justificar o não cumprimento da condição imposta. Cabe lembrar que, nos casos de revogação facultativa, o legislador permite que o juiz, em vez de revogar a suspensão, prorrogue o seu prazo até o máximo legal, ou seja, até quatro anos.

O legislador também prevê a prorrogação do período de prova, ou seja, do prazo do *sursis*, quando o condenado estiver sendo processado por outro crime ou contravenção.

Com efeito, o art. 81, § 2º, do Código Penal determina que "se o beneficiário está sendo processado por outro crime ou contravenção, considera-se prorrogado o prazo da suspensão até o julgamento definitivo".

O dispositivo tem lógica na medida em que o advento de sentença condenatória definitiva é causa de revogação (obrigatória ou facultativa) do *sursis*.

Apesar de haver manifestações em contrário, a revogação ou a prorrogação do período de prova somente podem ser determinadas enquanto esse período não tiver se esgotado, pois, tal como determina o art. 82 do Código Penal, "expirado o prazo sem que tenha havido revogação, considera-se extinta a pena privativa de liberdade", não sendo possível revogar ou prorrogar o que já está finalizado.

---

[5] É importante que o estudante se habitue a realizar uma interpretação sistemática da lei. Normalmente, a alteração de um único artigo tem consequências em diversos institutos, ainda que essas consequências não estejam expressas.

28 Livramento condicional

Como foi apontado no capítulo referente ao princípio da individualização da pena, uma mesma quantidade de pena privativa de liberdade pode ser cumprida de formas diversas. Além da possibilidade de progressão do regime de cumprimento de pena (do fechado para o semiaberto e do semiaberto para o aberto), o Código Penal, em seu art. 83, prevê a possibilidade de concessão do livramento condicional ao condenado.

O livramento condicional somente pode ser concedido em caso de condenação à pena igual ou superior a dois anos.

No aspecto subjetivo, para a concessão do livramento condicional devem ficar comprovados o comportamento satisfatório do condenado durante a execução da pena, o bom desempenho no trabalho que lhe tenha sido atribuído, bem como a aptidão para prover à própria subsistência, mediante trabalho honesto, quando em liberdade. Também é requisito para a concessão do livramento condicional que o condenado tenha reparado o dano causado, salvo impossibilidade de o fazer.

É importante observar que, em face da existência de um número expressivo de pessoas desempregadas e do inegável estigma que circunda os egressos do sistema carcerário, a concessão do livramento condicional não poderá ficar condicionada à oferta de emprego ao condenado, pois uma exigência dessa natureza poderia obstar, em absoluto, a medida.[1]

---

[1] A esse respeito, vale dizer que o desenvolvimento de políticas públicas em benefício dos egressos, com campanhas de conscientização e incentivos fiscais, poderia colaborar muito no combate à violência, diminuindo, sobremaneira, a reincidência delitiva.

Além desses requisitos de caráter subjetivo, tem-se que, sob o aspecto objetivo, o livramento condicional somente pode ser concedido posteriormente ao cumprimento de certo período de pena.

Se o condenado não for reincidente em crime doloso, fará jus ao livramento posteriormente ao cumprimento de um terço da pena; se for reincidente em crime doloso, poderá ser colocado em livramento condicional após o cumprimento de metade da pena; e, se houver sido condenado por crime hediondo, tortura, tráfico ilícito de entorpecentes e terrorismo, terá direito ao livramento posteriormente ao cumprimento de mais de dois terços da pena, desde que não seja reincidente específico nesses delitos.

O parágrafo único do art. 83 do Código Penal determina ainda que, "para o condenado por crime doloso, cometido com violência ou grave ameaça à pessoa, a concessão do livramento ficará também subordinada à constatação de condições pessoais que façam presumir que o libertado não voltará a delinquir".

Trata-se de dispositivo totalmente incompatível com a sistemática adotada pelo Código, pois, como já mencionado, não mais se admite o direito penal de autor, sendo certo que qualquer ilação relativa à possibilidade de o condenado voltar a delinquir implica realizar juízo de periculosidade, que é inconstitucional e divorciado do direito penal do fato.

O livramento fica atrelado às condições estatuídas no art. 132 da Lei de Execução Penal (Lei n. 7.210/84), sendo obrigatório: obter ocupação lícita dentro de prazo razoável, em se tratando de condenado apto para o trabalho; comunicar periodicamente a ocupação ao juiz; pedir autorização para se mudar da comarca em que tramita a execução.

De modo facultativo, pode-se impor ao condenado que não mude de residência sem autorização judicial; que ele se recolha a sua habitação em hora determinada; e que não possa frequentar determinados lugares.

Aqui, mais uma vez, é importante lembrar que os problemas econômicos nacionais e a dificuldade experimentada pelos egressos para conseguir emprego devem ser considerados no momento de interpretar o requisito de obtenção de ocupação lícita.

O período de prova do livramento condicional, diversamente do que ocorre com o *sursis*, não é fixado por lei, ele coincide com a quantidade de pena que o condenado tem para cumprir.

O livramento condicional deve ser revogado, nos termos do art. 86 do Código Penal, se o libertado vier a ser condenado definitivamente por crime cometido durante a vigência do livramento ou se vier a ser condenado definitivamente à pena privativa de liberdade por crime anterior.

A revogação do livramento será facultativa, ou seja, ficará a critério do juiz da execução, quando o libertado deixar de cumprir qualquer uma das condições impostas na sentença de livramento, ou quando for definitivamente condenado à pena não privativa de liberdade.[2]

No caso de o livramento condicional ser revogado devido a condenação por crime praticado no curso do período de prova, o tempo durante o qual o condenado esteve livre não é contado como cumprimento de pena.

Ao contrário, na hipótese de a revogação se dar por crime anterior, o período em que o condenado esteve livre deverá ser computado como pena cumprida, podendo-se somar as duas penas, para fins de concessão de novo livramento.[3]

As diferenças entre o tratamento dispensado ao liberado que pratica delito no curso do livramento e aquele que praticou um delito anteriormente à concessão do livramento são compreensíveis, tendo em vista o fato de, no primeiro caso, mais que desrespeitar a lei penal e os valores sociais por ela protegidos, o liberado ter deixado de observar a confiança que lhe fora depositada quando do livramento condicional.

Nos termos do art. 89 do Código Penal, "o juiz não poderá declarar extinta a pena, enquanto não passar em julgado a sentença em processo a que responde o liberado, por crime cometido na vigência do livramento".

Isso significa que, mesmo terminado o período de prova, ou seja, mesmo transcorrido o tempo de pena do libertado, existindo processo por crime praticado no curso desse período, o magistrado fica impedido de declarar extinta (cumprida) a pena, até que advenha sentença transitada em julgado. Trata-se de hipótese de prorrogação do período de prova.

Indiretamente, pode-se concluir que, se a ação penal diz respeito a crime anteriormente praticado, findo o período de prova, deverá o magistrado

---

[2] Nos casos em que a revogação é facultativa, vindo o magistrado a decidir pela não revogação, deverá, nos termos do parágrafo único do art. 140 da Lei de Execução Penal (Lei n. 7.210/84), advertir o libertado ou agravar as condições impostas quando do livramento.

[3] Ver arts. 84 e 86, II, segunda parte, do Código Penal.

declarar extinta a pena, sendo certo que o eventual advento de condenação definitiva posterior em nada alterará essa situação.

Se até o seu término o livramento não for revogado, considera-se extinta a pena privativa de liberdade,[4] com exceção da situação em que a declaração de extinção ficar condicionada ao trânsito em julgado da sentença relativa a delito praticado no curso do livramento.

Como se depreende do anteriormente exposto, apenas a condenação definitiva pode ser causa de revogação do livramento condicional.

No entanto, não seria lógico imaginar que, vindo o libertado a se envolver em nova prática criminosa, precisará o juiz da execução, em todo e qualquer caso, aguardar o curso de todo o processo e o advento de condenação definitiva para determinar a prisão do libertado.

Por isso, o art. 145 da Lei de Execução Penal prevê a possibilidade de o magistrado, ouvindo o Ministério Público e o Conselho Penitenciário, suspender o livramento, determinando a prisão do liberado, ficando eventual revogação, como já dito, condicionada à condenação definitiva do liberado pelo novo crime.

É importante consignar que a suspensão do livramento, com consequente prisão do liberado, não é automática, ou seja, não é porque houve a atribuição da prática de um novo delito que o livramento deve necessariamente ser revogado, cabendo ao magistrado, no caso concreto, verificar a oportunidade da suspensão.

---

4   Art. 90 do Código Penal.

29 Efeitos da condenação

Além da pena propriamente dita, a condenação traz para o condenado alguns efeitos.

Nos termos do art. 91, I e II, do Código Penal, são efeitos genéricos da condenação: 1) tornar-se certa a obrigação de indenizar o dano causado pelo crime; 2) a perda, em favor da União, ressalvado o direito do lesado ou de terceiro de boa-fé, dos instrumentos do crime, desde que consistam em coisas cujo fabrico, alienação, uso, porte ou detenção constitua fato ilícito, bem como do produto do crime ou de qualquer bem ou valor que constitua proveito auferido pelo agente com a prática do fato criminoso.

Fala-se em efeitos genéricos da condenação por se aplicarem a quaisquer delitos, independentemente da condição pessoal do condenado.

De fato, quanto à obrigação de indenizar o dano causado pelo crime, cumpre aduzir que, apesar de serem as esferas penal e civil independentes, a condenação na esfera penal, automaticamente, implica o reconhecimento de culpa e o dever de reparação na esfera civil. Isso prova o fato de a sentença penal condenatória definitiva servir como título executório judicial na esfera civil.[1]

Essa relação automática entre a responsabilidade penal e a civil é plenamente compreensível, na medida em que o rigor para a caracterização da responsabilidade penal é muito maior que o referente à caracterização da

---

1   Nesse sentido, ver art. 63 do Código de Processo Penal.

responsabilidade civil.² É certo que, havendo elementos para provar o mais, necessariamente, há elementos para provar o menos.

Em 2008, o Código de Processo Penal sofreu uma significativa reforma, haja vista a edição da Lei n. 11.719/2008. Por força dessa reforma, o art. 387, IV, passou a prever que, ao proferir a sentença condenatória, o magistrado deve fixar o valor mínimo para a reparação dos danos causados pela infração, considerando os prejuízos sofridos pelo ofendido.

A natureza de tal inovação é controversa; há manifestações no sentido de que atingiria todas as ações em andamento, independentemente de os fatos terem ocorrido antes ou depois da vigência da nova lei.

Não obstante se tratar de uma lei de natureza processual, que, em princípio, incide imediatamente, entendemos que a condenação a reparar o dano tem natureza material, não podendo ser aplicada a fatos anteriores, sobretudo se isso não for pleiteado na denúncia, deixando-se, portanto, de conferir oportunidade de defesa ao acusado.

No que concerne à perda dos instrumentos do crime, é necessário enfatizar que esse efeito não se deve apenas ao fato de se tratar de instrumentos do crime, mas sim de se tratar de instrumentos cujo fabrico, alienação, uso, porte ou detenção constitua fato ilícito.

Assim, se alguém comete um crime contra a honra mediante o uso de um computador, tem-se que, não obstante seja tal máquina instrumento do crime, não há como falar em perda em favor da União.

Ao contrário, havendo crime mediante a utilização de arma cujo porte não se possua, ocorrerá a perda em favor da União.

Algumas vezes, o perdimento em favor da União não se verifica, mesmo quando se trata de instrumento cujo fabrico, alienação, uso, porte ou detenção constitua fato ilícito. Seria o caso, por exemplo, de um traficante subtrair substância entorpecente utilizada como medicamento em hospital, com permissão da autoridade competente, para vendê-la na porta de um colégio. Prolatada a condenação definitiva por tráfico, a substância entorpecente poderá ser restituída ao hospital em referência.

Ainda no que concerne aos efeitos genéricos da condenação, cabe consignar que o produto do crime é todo bem ou valor obtido diretamente

---

2 Tanto que, na maior parte das vezes, a sentença penal absolutória não obsta a indenização no âmbito cível.

com a prática do delito. Assim, tratando-se de um crime de roubo, serão produto do crime todos os objetos subtraídos durante a ação delituosa: veículos, joias, bolsas etc.

Quando o Código fala em perda de bens ou valores que constituam proveito auferido pelo agente com a prática do fato criminoso, está estendendo a abrangência aos bens obtidos indiretamente com a prática do delito. Assim, o funcionário público corrupto perderá todos os bens (móveis e imóveis) que adquiriu com o dinheiro recebido em atos de corrupção.

Os efeitos genéricos da condenação se verificam automaticamente, ou seja, não dependem de declaração na sentença, o que não ocorre com os efeitos específicos da condenação.

Esses efeitos específicos estão previstos no art. 92 do Código Penal.

Tal dispositivo, em seu inciso I, determina que a perda de cargo, função pública ou mandato eletivo ocorrerá, em casos de condenação a penas iguais ou superiores a um ano, sempre que os crimes forem perpetrados com abuso de poder ou violação de dever para com a administração pública. Assim, tal efeito pode se dar, por exemplo, em condenações por peculato ou corrupção passiva.

Também poderá ensejar a perda de cargo, função ou mandato a condenação à pena superior a quatro anos, independentemente do bem jurídico violado.

Desse modo, um funcionário público que vier a ser condenado por estupro, por exemplo, à pena de sete anos poderá perder o cargo, mesmo que esse estupro não tenha sido praticado em serviço.

Em um primeiro momento, poder-se-ia questionar o porquê dessa diferença. No entanto, faz sentido retirar o cargo, mesmo em casos de condenação mais leve, quando a própria função desempenhada restou traída, haja vista o abuso de poder ou a violação de dever.

Por outro lado, tratando-se de condenações mais significativas (penas maiores que quatro anos), tem lógica possibilitar ao magistrado retirar o cargo do condenado, pois a função pública resta incompatível com violações a bens jurídicos importantes, ainda que os fatos não guardem relação com as atribuições do imputado.

O mesmo art. 92, em seu inciso II, prevê a perda do pátrio poder (atual poder familiar), da tutela ou da curatela, nos crimes dolosos, sujeitos à reclusão, cometidos contra filho, tutelado ou curatelado.

Os motivos que norteiam tal previsão parecem óbvios, pois, realmente, não faria sentido permitir a um pai que mantivesse o poder familiar sobre o filho depois de condenado, por exemplo, por tentar matá-lo, ou mesmo por violá-lo sexualmente.

É importante deixar claro que graves ameaças à integridade física dos filhos, tutelados ou curatelados podem ensejar, inclusive, medidas cautelares, visando a evitar a concretização de um mal maior. Por conseguinte, não se faz necessário aguardar que ocorra um crime e que advenha uma sentença condenatória, com perda de poderes, para que seja tomada alguma providência. Essas providências cautelares podem ser solicitadas perante o próprio juízo criminal, a Vara da Criança e do Adolescente ou mesmo a Vara da Família.

No inciso III, o art. 92 do Código Penal também prevê como efeito específico da condenação a inabilitação para dirigir veículo, quando utilizado como meio para a prática de crime. Tal efeito, em certa medida, já é cominado como pena em vários dispositivos do Código de Trânsito Brasileiro (Lei n. 9.503/97).

30 Reabilitação

A reabilitação é medida de política criminal, consistente na restauração da dignidade social e na reintegração do condenado ao exercício dos direitos e deveres sacrificados pela sentença. Nessa definição deve-se ter em linha de análise dois aspectos distintos: a) a declaração judicial de recuperação do exercício de direitos, interesses e deveres e da condição social de dignidade do ex-condenado; b) o asseguramento do sigilo dos registros sobre o processo e a condenação.[1]

O Estado não tem interesse em manter o condenado estigmatizado como tal pelo resto de sua vida, por isso, o legislador previu a possibilidade de o indivíduo nessa condição requerer que seja judicialmente declarada a sua reabilitação, com a consequente recuperação de sua condição social e garantia de sigilo sobre seu processo e condenação.

É certo que o art. 202 da Lei de Execução Penal já garante que, cumprida ou extinta a pena, automaticamente não conste

> [...] da folha corrida, atestados ou certidões fornecidas por autoridade policial ou por auxiliares da Justiça, qualquer notícia ou referência à condenação, salvo para instruir processo pela prática de nova infração penal ou outros casos expressos em lei.

---

1 DOTTI, René Ariel. *Curso de direito penal*: Parte Geral, p.613.

No entanto, essa norma de cunho administrativo não afasta a importância da reabilitação, que é reconhecida em decisão judicial.

A reabilitação poderá ser requerida ao juízo da condenação dois anos após o cumprimento ou a extinção, de qualquer modo, da pena, computando-se o período de prova do *sursis* e do livramento condicional, desde que não tenha havido revogação.[2]

Além do requisito temporal, a reabilitação fica condicionada à demonstração, por parte do condenado, de que durante esse prazo de dois anos teve domicílio no Brasil, teve bom comportamento público e privado e ressarciu o dano causado pelo crime. Na hipótese de o dano não haver sido ressarcido, deverá o requerente comprovar a impossibilidade de o fazer ou que a vítima renunciou ao ressarcimento. Também se admite a novação da dívida.

A reabilitação alcança todas as penas e pode alcançar também os efeitos da condenação, ficando vedada a reintegração do reabilitado à situação anterior nos casos de perda de cargo, função pública ou mandato eletivo, ou na hipótese de incapacidade para o exercício do poder familiar, da tutela ou curatela, exclusivamente, com relação à vítima do crime que deu causa à incapacidade.

Nos termos do art. 94, parágrafo único, do Código Penal, quando negada a reabilitação, o interessado poderá formular novo requerimento, independentemente do decurso de qualquer prazo, bastando, para tanto, instruir o pedido com novos elementos comprobatórios dos requisitos necessários. Assim, se o primeiro pedido de reabilitação não foi deferido em razão de não ter restado provado o domicílio no país, em nova formulação, caberá ao requerente evidenciar esse domicílio.

A reabilitação pode ser revogada de ofício, ou seja, sem nenhuma provocação, ou a requerimento do Ministério Público, caso o reabilitado venha a ser definitivamente condenado à pena diversa da de multa, tornando-se reincidente. Aqui é importante notar que não é qualquer condenação que pode dar causa à revogação da reabilitação, mas apenas aquela que gera reincidência, ou seja, a referente a crime praticado posteriormente ao trânsito em julgado de sentença condenatória por delito anterior.[3]

---

[2] Art. 94 do Código Penal.
[3] Os aspectos processuais relacionados à reabilitação podem ser consultados nos arts. 743 a 750 do Código de Processo Penal.

31
Medida de segurança

Como estudado no capítulo pertinente à imputabilidade, a aplicação de pena pressupõe que o apenado possa ser responsabilizado por seus atos, isto é, que seja imputável. Consideram-se inimputáveis os menores de 18 anos e aqueles que, ao tempo da ação ou da omissão, em razão de doença mental ou desenvolvimento mental incompleto, eram inteiramente incapazes de entender o caráter ilícito do fato ou de determinarem-se de acordo com esse entendimento.

Assim, tem-se que os imputáveis, ao praticar um ato delituoso, recebem pena. Já os inimputáveis, com exceção dos menores de idade, recebem medida de segurança.[1]

Tal como prevê o art. 98 do Código Penal, também os semi-imputáveis[2] podem ser submetidos à medida de segurança.

Na verdade, na hipótese de semi-imputabilidade, deve o magistrado decidir entre aplicar a pena diminuída de 1/3 a 2/3 ou submeter o autor do ato à medida de segurança.

O critério que deve nortear essa escolha é o da permanência ou cessação do estado mórbido que fez com que o agente não compreendesse inteiramente

---

1   Os menores de idade, nos termos do Estatuto da Criança e do Adolescente, ao cometerem ato previsto como crime, são submetidos a medidas socioeducativas.
2   Como já estudado, nos termos do art. 26, parágrafo único, do Código Penal, considera-se semi-imputável aquele que, em virtude de perturbação de saúde mental ou por desenvolvimento mental incompleto ou retardo, não era inteiramente capaz de entender o caráter ilícito do fato ou de determinar-se de acordo com esse entendimento.

o caráter ilícito de sua conduta, ou que não fosse capaz de conduzir-se de acordo com essa compreensão.

Sobre isso importa dizer que, se no momento da sentença o semi-imputável tiver recuperado sua saúde mental, ser-lhe-á aplicada pena. Por outro lado, se quando da decisão permanecer a patologia, deverá o juiz optar pela medida de segurança.[3]

Pena e medida de segurança são os dois tipos de sanção penal. Enquanto a pena está relacionada à culpabilidade do agente, a medida de segurança diz respeito à periculosidade.

Não obstante, é muito importante enfatizar que a medida de segurança somente pode ser aplicada a pessoas que tenham efetivamente praticado uma conduta prevista como criminosa pelo ordenamento, não bastando um mero juízo de periculosidade.

Com efeito, sendo a medida de segurança uma das formas de sanção penal e estando o direito penal, como visto, baseado no fato e não no autor, parece óbvio que apenas a prática de uma ação prevista como crime poderá justificar a aplicação de tal medida.[4]

Nos termos do art. 96 do Código Penal, a medida de segurança pode ser de dois tipos: internação em hospital de custódia para tratamento psiquiátrico e sujeição a tratamento ambulatorial.

O tratamento ambulatorial, contrariamente à internação, que implica a privação da liberdade, consiste no comparecimento do inimputável à instituição de saúde para orientação e acompanhamento.

Pela atual sistemática do Código, o critério para a submissão do inimputável à internação ou ao tratamento ambulatorial é a gravidade do ato praticado, e não a periculosidade do agente nem a necessidade clínica.

De fato, de acordo com o art. 97 do Código Penal, se o inimputável praticou ato previsto como crime apenado com reclusão, o juiz deverá submetê-lo a internação. Na hipótese de a conduta praticada, prevista como

---

3   FERRARI, Eduardo Reale. *Medidas de segurança e direito penal no Estado Democrático de Direito*, p.187.

4   Assim, por mais perigosa que uma pessoa pareça ser, o Estado somente estará autorizado a aplicar-lhe uma medida de segurança posteriormente à prática de ação que venha materializar a suposta periculosidade.

criminosa, ser apenada com detenção, o magistrado fica autorizado a submeter o inimputável a tratamento ambulatorial.[5]

O Código, como se depreende da leitura do dispositivo citado, não deixa nenhuma possibilidade de escolha ao julgador. Assim, tendo o agente praticado conduta punível com reclusão, ainda que, no caso concreto, sob o ponto de vista médico, não seja necessária a internação, deverá o magistrado determiná-la.

Essa sistemática entra em conflito com o argumento de que a medida de segurança, diferentemente da pena, não visa a punir (retribuir) o mal praticado, mas sim curar o doente. Isso porque, se o objetivo fosse apenas curativo, não se poderia admitir a fixação de medida contrária à necessidade clínica do agente; deve-se, a esse respeito, lembrar que, cada vez mais, a psiquiatria vem relegando a internação ao último plano.

Nos termos do § 1º do art. 97 do Código Penal, tanto a internação quanto o tratamento ambulatorial se prolongam por prazo indeterminado, ficando o término da medida condicionado à cessação da periculosidade, que será verificada mediante perícia médica.

Por força do mesmo dispositivo, a medida de segurança, em qualquer de suas modalidades, deve ter um prazo mínimo, a ser determinado pelo juiz na sentença, de 1 a 3 anos.

O cumprimento da medida de segurança será acompanhado pelo juiz da execução, que poderá, a qualquer tempo, determinar a realização de perícia médica para verificar a cessação da periculosidade do inimputável.

Ainda que o juiz não determine a realização de tal perícia, a lei garante que, findo o prazo mínimo, seja efetuado esse procedimento, que será repetido todos os anos.[6]

Determinada a desinternação, a medida de segurança será restabelecida caso o inimputável, no decurso de um ano, venha a praticar ato que indique a persistência de sua periculosidade. Por isso, no § 3º do art. 97 do Código Penal, afirma-se que a desinternação, ou liberação, será sempre condicional.

---

5   Nos termos do art. 97, § 4º, do Código Penal, "em qualquer fase do tratamento ambulatorial, poderá o juiz determinar a internação do agente, se essa providência for necessária para fins curativos".
6   Art. 97, § 2º, do Código Penal.

Diversamente ao que ocorre com a pena privativa de liberdade, que contempla diferentes regimes de cumprimento (fechado, semiaberto e aberto), a lei não prevê uma progressividade para a medida de segurança. Ou seja, o legislador não previu a possibilidade de a desinternação se dar de forma paulatina, o que, indubitavelmente, reduziria muito o restabelecimento da medida de segurança no primeiro ano de liberação.[7]

A existência de prazo mínimo e a inexistência de prazo máximo para a medida de segurança recebem justas críticas da doutrina.

No que concerne ao prazo mínimo (de 1 a 3 anos), seguindo-se literalmente o determinado pela lei, forçosamente se conclui que, mesmo cessada a periculosidade do inimputável, esse prazo de internação ou tratamento ambulatorial deve ser observado.

Aqui, mais uma vez, a legislação entra em conflito com o objetivo precípuo da medida de segurança, que é o tratamento e a busca da cura do agente.

Com efeito, se o que se procura é tratar e curar o inimputável, não é adequado falar em prazos mínimos. Seria o mesmo que obrigar uma pessoa a continuar tomando um medicamento depois de curados os sintomas que justificaram a prescrição da medicação. Nesse sentido, manifesta-se Eduardo Reale Ferrari, em tese de doutoramento referente à matéria ora estudada.[8]

Até em função da finalidade da medida de segurança, cumpre defender a interrupção do tratamento, caso se constate a cessação da periculosidade do indivíduo submetido à medida, independentemente do término do prazo mínimo estipulado na sentença.

---

7   Apesar de não existir previsão legal, alguns manicômios judiciários já instituíram, na prática, uma progressividade na desinternação. É o caso, por exemplo, do Manicômio Judiciário de Franco da Rocha, que destina uma área diferenciada para os pacientes que se encontram em processo de desinternação. Vale destacar que tal iniciativa foi adotada anteriormente ao advento da Lei n. 10.216/2001, que prevê, em seu art. 5º, a chamada alta planejada para os doentes mentais comuns, ou seja, que não se envolveram com o sistema penal. Nos seguintes termos: "Art. 5º O paciente há longo tempo hospitalizado ou para o qual se caracterize situação de grave dependência institucional, decorrente de seu quadro clínico ou de ausência de suporte social, será objeto de política específica de alta planejada e reabilitação psicossocial assistida, sob responsabilidade da autoridade sanitária competente e supervisão de instância a ser definida pelo Poder Executivo, assegurada a continuidade do tratamento, quando necessário". Aliás, esse dispositivo já vem sendo aplicado, analogicamente, em procedimentos criminais. A título de exemplo, cita-se o *habeas corpus* de número 107.432/RS, da lavra do Supremo Tribunal Federal.

8   *Medidas de segurança e direito penal no Estado Democrático de Direito*, p.185.

No que diz respeito à não fixação de prazo máximo para a medida de segurança, a crítica tem diverso fundamento.

Com efeito, a finalidade de tratar (e não de punir) o inimputável até justificaria a ausência de prazos máximos, pois o que determina o término do tratamento é a cura. No entanto, têm-se verificado, na prática, situações de injustiça incontestável, já que pessoas imputáveis que praticam atos idênticos aos perpetrados por inimputáveis, normalmente, ficam privadas de sua liberdade por prazo muito inferior ao de internação do inimputável.

Por mais que os fundamentos da pena e da medida de segurança sejam diversos, não se pode esquecer que ambas são formas de sanções penais, chegando a ser hilário constatar que as pessoas, teoricamente, irresponsáveis por seus atos acabam sofrendo privações muito mais gravosas que as consideradas responsáveis.

Além dessa desproporcionalidade, deve-se atentar para o perigo de permitir ao Estado o total arbítrio na determinação do tempo durante o qual um indivíduo pode ficar submetido a uma sanção de natureza penal.

No intuito de conciliar a finalidade curativa da medida de segurança com um mínimo de garantia para os inimputáveis, a doutrina, durante muito tempo, sugeriu que a duração da medida de segurança ficasse limitada à quantidade máxima de pena prevista para o ato praticado.

Assim, se um inimputável mata alguém, sendo a pena máxima prevista para o homicídio de vinte anos, a medida de segurança não poderia ultrapassar esse interregno. Na hipótese de a doença persistir, o interno haveria de ser colocado à disposição do juízo cível para interdição e, se for o caso, internação em hospital psiquiátrico comum.

Acerca do assunto, é conveniente transcrever os ensinamentos de Eduardo Reale Ferrari:

> Em nossa posição, nos inimputáveis os limites máximos quanto aos prazos de duração das medidas de segurança deverão ser correspondentes aos marcos máximos das penas abstratamente cominadas aos ilícitos-típicos realizados pelos imputáveis. Inimputável e semi-imputável possuirão, portanto, como limites máximos quanto ao prazo de duração das medidas de segurança, correspondente ao marco máximo da pena abstratamente cominada aos seus ilícitos-típicos cometidos... De acordo com nossa concepção, findo o limite máximo dos prazos de duração das medidas de segurança criminais, possível será optar entre liberação do paciente ou sua

transferência para o estabelecimento comum, constituindo a declaração de interdição civil providência prévia à expiração do prazo limítrofe.[9]

As manifestações da doutrina não chegaram a influenciar os tribunais para que limitassem a medida de segurança ao máximo de pena cominado; entretanto, a partir de julgado do Supremo Tribunal Federal, datado de 2005, passou-se a limitar a medida de segurança ao prazo de trinta anos, período máximo pelo qual alguém pode ser submetido a uma pena no país, nos termos do art. 75 do Código Penal.[10]

A orientação do Supremo Tribunal Federal repercutiu nos demais tribunais pátrios, existindo, atualmente, quase um consenso em torno do limite máximo de trinta anos.

Em julgamento mais recente, o Supremo Tribunal Federal voltou a analisar a matéria, sendo certo que, por persistir a periculosidade do interno, uma vez passados os trinta anos, foi determinada a sua transferência para hospital psiquiátrico comum.

> Penal. Execução penal. *Habeas corpus*. Réu inimputável. Medida de segurança. Prescrição. Inocorrência. Extinção da medida, todavia, nos termos do art. 75 do CP. Periculosidade do paciente subsistente. Transferência para hospital psiquiátrico, nos termos da Lei n. 10.261/2001. *Writ* concedido em parte. I – Não há falar em extinção da punibilidade pela prescrição da medida de segurança uma vez que a internação do paciente interrompeu o curso do prazo prescricional (art. 117, V, do Código Penal). II – Esta Corte, todavia, já firmou entendimento no sentido de que o prazo máximo de duração da medida de segurança é o previsto no art. 75 do CP, ou seja, trinta anos. Precedente. III – Laudo psicológico que, no entanto, reconheceu a permanência da periculosidade do paciente, embora atenuada, o que torna cabível, no caso, a imposição de medida terapêutica em hospital psiquiátrico próprio. IV – Ordem concedida em parte para extinguir a medida de segurança, determinando-se a transferência do paciente para hospital psiquiátrico que disponha de estrutura adequada ao seu tratamento, nos termos da Lei n. 10.261/2001, sob a supervisão do Ministério Público e do órgão judicial competente.[11]

---

9   FERRARI, Eduardo Reale. *Medidas de segurança e direito penal no Estado Democrático de Direito*, p.189 e 192.
10 *HC* n. 84.219/SP, rel. Min. Marco Aurélio.
11 *HC* n. 98.360/RS, rel. Min. Ricardo Lewandowski.

Apesar de as sugestões da doutrina terem sido apenas parcialmente acolhidas, a limitação aos trinta anos já implica uma evolução, bem como o reconhecimento de que toda sanção penal há de ser controlada, não sendo compatível com um Estado Democrático de Direito deixar alguém eternamente privado de sua liberdade, sobretudo quando a Constituição Federal veda penas de caráter perpétuo.

Ação penal | 32

A rigor, o estudo da ação penal é feito no âmbito da disciplina do direito processual penal. Não obstante, tendo em vista o fato de o Código Penal, em seu Título VII, imiscuir-se na matéria, é necessário, ainda que não em profundidade, abordar o assunto.

Em regra, a ação penal é pública e incondicionada, devendo ser proposta, com exclusividade, pelo Ministério Público, nos termos do art. 129, I, da Constituição Federal.

Assim, se após a previsão de um tipo penal, ou de um grupo de tipos penais, não houver nenhuma indicação do tipo de ação penal correspondente ao delito previsto, deve-se entender que a ação penal é pública e incondicionada. Ou seja, no silêncio da lei, aplica-se a regra geral.

Havendo previsão legal expressa, tem-se que a ação penal pode ser pública, condicionada à representação ou à requisição do ministro da Justiça, ou de iniciativa privada.

São exemplos de crimes processáveis mediante ação penal pública incondicionada o homicídio (art. 121 do Código Penal), o furto (art. 155 do Código Penal), o roubo (art. 157 do Código Penal), o estelionato (art. 171 do Código Penal), entre outros.

São exemplos de crimes processáveis mediante ação penal pública condicionada à representação a ameaça (art. 147 do Código Penal), a violação de correspondência (art. 151 do Código Penal) e a divulgação de segredo (art. 153 do Código Penal).[1]

---

1 Para que o estudante entenda o que está sendo explicado, é importante ler os dispositivos citados como exemplo e verificar que, nos três casos, após a previsão dos delitos, há enunciados expressos

E exemplificam os crimes processáveis mediante ação penal de iniciativa privada a calúnia (art. 138 do Código Penal), a difamação (art. 139 do Código Penal), a violação de direito autoral (art. 184, *caput*, do Código Penal).[2]

A ação penal pública condicionada, tal como ocorre com a ação penal pública incondicionada, deve ser promovida pelo Ministério Público. No entanto, ao contrário do que se verifica na ação penal pública incondicionada, no caso de ação penal pública condicionada, a atuação do Ministério Público depende da vontade do interessado, que, se pretender que a ação seja movida, deverá representar.

Nos termos do art. 24 do Código de Processo Penal, a representação pode ser ofertada pelo ofendido ou por quem tiver qualidade para representá-lo, sendo certo que, no caso de morte do ofendido (ou de ausência declarada judicialmente), o direito de representar passa ao cônjuge, ascendente, descendente ou irmão.

Representar significa manifestar o desejo de que a ação penal correspondente a determinado delito seja instaurada.

O ofendido, ou quem de direito, deve oferecer a representação no prazo de seis meses, contados do dia em que veio a saber quem é o autor do crime.

Trata-se do prazo de decadência, que, por ter natureza penal, deve seguir a sistemática do art. 10 do Código Penal. É muito comum a perda de prazos penais em razão de se aplicarem na contagem as regras referentes aos prazos processuais. Com efeito, os prazos processuais se iniciam no primeiro dia útil posterior ao termo inicial, prorrogando-se para o primeiro dia útil na hipótese de a contagem terminar em sábados, domingos e feriados. Os prazos penais, ao contrário, são contados computando-se o primeiro dia, e, se o término da contagem ocorrer em um dia não útil, não haverá prorrogação, devendo-se considerar o dia útil anterior.

Nos termos do art. 102 do Código Penal, "a representação será irretratável depois de oferecida a denúncia".

---

no sentido de que "somente se procede mediante representação" (ver arts. 147, parágrafo único, 151, § 4º, e 153, parágrafo único, do Código Penal).

2   Aqui também é muito importante que o estudante leia os dispositivos trazidos como exemplo e perceba que, logo após a previsão dos delitos ou no final do capítulo, encontra-se afirmação no sentido de que "somente se procede mediante queixa". Essa previsão significa que a ação penal é de iniciativa privada (ver arts. 145 e 186 do Código Penal).

Da leitura do dispositivo em epígrafe, depreende-se que, até a denúncia, o ofendido, ou quem de direito, poderá retratar-se da representação, ou seja, poderá reconsiderar sua manifestação anterior, aduzindo que não deseja que a ação penal seja instaurada. É impossível fazê-lo na hipótese de o Ministério Público já haver atuado, oferecendo a denúncia.[3]

A ação penal de iniciativa privada, diversamente da ação penal pública (incondicionada ou condicionada), não é movida pelo Ministério Público. O ofendido, ou quem tenha qualidade para representá-lo, deverá promover a ação penal mediante o oferecimento de queixa-crime.[4]

Na hipótese de morte, ou declaração judicial de ausência do ofendido, o direito de oferecer queixa ou prosseguir na ação penal passa ao cônjuge, ascendente, descendente ou irmão.

O direito de queixa, tal como ocorre com o de representação, está sujeito ao prazo decadencial de seis meses, não sendo possível exercê-lo na hipótese de ter a ele renunciado expressa ou tacitamente.

Considera-se renúncia tácita ao direito de queixa "a prática de ato incompatível com a vontade de exercê-lo", não implicando renúncia o recebimento de indenização pelo dano causado pelo crime.[5]

Também inviabiliza o início, ou o prosseguimento da ação penal de iniciativa privada, o perdão do ofendido, conferido no processo ou fora dele, de forma expressa ou tácita.[6] É necessário enfatizar que, em caso de crime praticado em concurso de agentes, se um dos ofensores for perdoado, todos os demais serão assim considerados.[7]

Desse modo, se o ofendido oferecer queixa apenas em face de um dos ofensores, a ação penal não poderá ser iniciada com relação a qualquer

---

3   Denúncia é o nome técnico dado à peça processual (à petição) que inicia a ação penal pública.

4   É importante tomar cuidado para não confundir queixa, nome técnico dado à petição que inicia a ação penal de iniciativa privada, com o seu termo homônimo *queixa*, popularmente utilizado para se referir à notícia de crime levada ao conhecimento da autoridade policial. A queixa de que ora se trata é ofertada diretamente ao Poder Judiciário. É certo que, apesar de o ofendido ou quem de direito ser o autor, deverá ser contratado um advogado para formular e assinar a peça, tendo em vista o fato de apenas o advogado dispor de capacidade postulatória.

5   Ver art. 104 do Código Penal.

6   "[...] perdão tácito é o que resulta da prática de ato incompatível com a vontade de prosseguir na ação", art. 105, § 1º, do Código Penal.

7   Nas ações penais de iniciativa privada, o ofendido é tratado por querelante (aquele que apresenta a queixa) e o ofensor por querelado (aquele que sofre a queixa).

outro deles. O ofendido pode escolher se processa ou não, mas, se decidir processar, deverá iniciar a ação penal em face de todos os envolvidos.

Nos termos do art. 106 do Código Penal, o perdão concedido a qualquer dos querelados aproveita a todos; se concedido por um dos ofendidos, não prejudica o direito dos outros; e não produz efeitos se não for aceito pelo querelado ou se for conferido após o trânsito em julgado da sentença condenatória.

Além dos casos expressamente estatuídos em lei, a ação penal de iniciativa privada é admitida quando, tratando-se de hipótese de ação penal pública, o Ministério Público não oferece denúncia no prazo legal.

Trata-se da ação penal privada subsidiária da pública, prevista no § 3º do art. 100 do Código Penal e garantida pela própria Constituição Federal, em seu art. 5º, LIX.

Essa garantia legal e constitucional é de extrema importância por conferir uma alternativa à vítima e a seus familiares na eventualidade de inércia por parte do Ministério Público.

Com efeito, como já visto, as ações penais, em regra, são públicas e de iniciativa do Ministério Público, sendo, em grande parte dos casos, propostas independentemente e até contrariamente à vontade do ofendido.

Apesar de, via de regra, o Ministério Público agir sempre que diante da prática de um crime processável mediante ação penal pública, podem existir (e existem) situações em que o representante do Ministério Público falta com seu dever de ofício e deixa de promover a ação penal. Para essas situações, a lei penal e a Constituição Federal preveem a ação penal privada subsidiária da pública.

Imagine-se a situação de alguém que teve o filho assassinado. Não seria justo que essa pessoa ficasse totalmente à mercê da vontade do representante do Ministério Público. Respeita-se o fato de o Ministério Público ser o titular da ação, mas não se pode admitir que seus representantes tenham o arbítrio de promovê-la ou não. Assim, se o órgão competente não age, essa pessoa poderá ofertar queixa, ou seja, iniciar uma ação penal privada pela prática do delito de homicídio, apesar de ser um crime processável mediante ação penal pública incondicionada.

É importante, no entanto, ficar claro que a ação penal privada subsidiária da pública somente é admitida quando o Ministério Público se omite, ou seja, quando deixa de agir. Isso significa dizer que a ação penal subsidiária não é admissível nos casos em que o Ministério Público não promove a ação penal, mas justifica a decisão de não o fazer. Nessa situação, apesar de não ter iniciado a ação penal, o Ministério Público, titular da ação, agiu.

Para finalizar essa breve abordagem da matéria, como já mencionado, mais afeta à disciplina do direito processual penal, cumpre aduzir que, na hipótese de crime complexo, formado por fatos que, por si sós, constituem crimes, havendo discrepância entre as ações penais referentes a esses crimes, prevalece a ação penal pública incondicionada.[8]

---

8   Ver art. 101 do Código Penal.

33 | Extinção da punibilidade

Para que alguém seja submetido a algum dos tipos de pena antes estudados, é necessário, além de estarem presentes os elementos integrantes do delito, que haja possibilidade jurídica de o Estado aplicar a sanção penal (pena ou medida de segurança).[1]

A essa possibilidade jurídica de aplicar a sanção dá-se o nome de punibilidade, que funciona como condição para o próprio exercício da ação penal.

O Código Penal, em seu título VIII, trata das causas de extinção da punibilidade. Praticado um crime, não estando presente alguma das causas de extinção da punibilidade, o Estado está livre para promover a ação penal correspondente ao crime perpetrado e punir o agente por sua prática.

A extinção da punibilidade do crime que é pressuposto, elemento constitutivo ou circunstância agravante de outro crime não se estende a este. Por exemplo, a extinção da punibilidade do delito de tráfico de entorpecente não acarreta a extinção da punibilidade do crime de lavagem do dinheiro amealhado em referido tráfico.

Do mesmo modo, em se tratando de crimes conexos, a extinção da punibilidade de um deles não impede, com relação aos outros, a agravação da pena resultante da conexão. Igualmente, em caso de concurso de agentes, a extinção da punibilidade de um dos autores, por razões de cunho subjetivo, como a morte, não se estende aos demais.

---

1 DOTTI, René Ariel. *Curso de direito penal*: Parte Geral, p.669.

Nos termos do art. 107 do Código Penal, extingue-se a punibilidade: 1) pela morte do agente; 2) pela anistia, graça ou indulto; 3) pela retroatividade da lei que não mais considera o fato como criminoso; 4) pela prescrição, decadência ou perempção; 5) pela renúncia do direito de queixa ou pelo perdão aceito, nos crimes de ação penal privada; 6) pela retratação do agente, nos casos em que a lei a admite; 7) pelo perdão judicial, nos casos previstos em lei.

A seguir, cada uma dessas causas será comentada, deixando-se a prescrição, com todas as suas particularidades, para ser estudada em capítulo específico, tendo em vista a complexidade da matéria.

A morte, como explicado, funciona como causa extintiva da punibilidade.

Apesar de parecer óbvio que a morte do autor inviabiliza a aplicação de qualquer sanção, uma previsão expressa em tal sentido é salutar, na medida em que referenda o princípio constitucional da pessoalidade da pena (art. 5º, XLV, da Constituição Federal).

Com efeito, ao prever expressamente que, com a morte do autor, a punibilidade pelo fato está extinta, o Código, ainda que de forma velada, garante que familiares do agente não venham a ser responsabilizados por seu crime.

A anistia, a graça e o indulto são formas de indulgência, espécie de perdão por parte do Estado. O procedimento relativo à anistia, ao indulto e à graça, tratada por indulto individual, encontra-se disciplinado no Capítulo III do Título VII da Lei de Execução Penal (Lei n. 7.210/84).

A anistia é concedida sempre por meio de lei federal. Trata-se de ato privativo do Congresso Nacional, sujeito à sanção do presidente da República. Pode ser concedida antes da condenação (anistia própria) ou após a condenação (anistia imprópria), sendo certo que, neste último caso, não só a aplicação da pena resta impossibilitada, mas a própria sentença condenatória deixa de ser considerada para efeitos futuros, a reincidência, por exemplo. A anistia pode ser utilizada tanto com relação a crimes comuns como com relação a crimes políticos.[2]

---

[2] Acerca dos efeitos da Lei da Anistia, que possibilitou a redemocratização do país, ver: PASCHOAL, Janaina C. "Verdadeiras Repúblicas não convivem com dois pesos e duas medidas". In: PASCHOAL, Janaina C.; SILVEIRA, Renato de Mello Jorge (Coord.). *Homenagem a Miguel Reale Júnior*, p. 219-35.

A graça e o indulto são atos privativos do presidente da República,[3] sendo a primeira de ordem individual e o segundo de natureza geral, ou seja, enquanto a graça beneficia uma única pessoa, o indulto beneficia um grupo de pessoas que preencham os requisitos impostos pelo presidente da República por meio de decreto. Já se tornou comum a concessão de indulto ao final de cada ano; trata-se do chamado indulto natalino, normalmente concedido aos condenados que já tenham cumprido determinado montante da pena que lhes foi imposta.

Diversamente ao que ocorre com a anistia, a graça e o indulto têm efeitos somente sobre a pena, não tendo reflexo sobre a condenação propriamente dita. Assim, um indultado tem sua pena perdoada, mas a sentença condenatória é considerada para fins de reincidência.

Também a aplicação retroativa de lei penal descriminalizante (que deixa de considerar o fato como criminoso) implica a extinção da punibilidade.

Na primeira parte do presente livro, estudou-se a aplicação da lei penal mais favorável. Em referida oportunidade, apontou-se que a lei penal, em regra, não retroage, devendo, no entanto, ser aplicada retroativamente sempre que benéfica ao imputado.

Consignou-se também que o benefício que obriga a aplicação retroativa da lei penal pode ser de qualquer natureza (descriminalização, despenalização, abrandamento no regime de cumprimento de pena etc.).

Pois bem, toda vez que a lei penal benéfica ensejar a descriminalização de determinada conduta, ou seja, sempre que a lei penal implicar a abolição de um crime, estar-se-á diante de uma causa de extinção de punibilidade. Isso porque, verificada a *abolitio criminis* (descriminalização), não só a pena deixa de ser aplicada mas também a ação penal correspondente à conduta não mais pode ser proposta, e a sentença, eventualmente prolatada, deixará de surtir qualquer efeito.

A esse respeito, cumpre relembrar que a lei penal descriminalizadora deve ser aplicada inclusive aos casos em que a sentença condenatória já transitou em julgado, bem como àqueles em que a pena já foi cumprida.

A decadência do direito de representar, nos crimes processáveis mediante ação penal pública condicionada, e do direito de apresentar queixa-crime,

---

3 Ver art. 84, parágrafo único, da Constituição Federal.

nos processáveis mediante ação penal privada, também acarreta a extinção da punibilidade.

Com efeito, como visto durante o estudo da ação penal, o ofendido, ou quem de direito, possui seis meses para representar, nos crimes de ação penal pública condicionada, ou para ofertar queixa, nos de ação penal privada. Passado esse prazo sem que a representação ou a queixa sejam apresentadas, resta inviabilizada na esfera penal a adoção de qualquer medida contrária ao autor do fato delituoso.

Nas ações penais de iniciativa privada, a perempção também dá causa à extinção da punibilidade. Nos termos do art. 60 do Código de Processo Penal, considera-se a ação penal perempta quando: 1) após seu início, o querelante deixa de promover o andamento da ação durante trinta dias seguidos; 2) falecendo o querelante, no prazo de sessenta dias, não comparece em juízo para prosseguir com a ação nem o cônjuge nem os ascendentes nem os descendentes nem os irmãos; 3) o querelante deixa de comparecer, sem justificativa, a qualquer ato do processo a que deva estar presente, ou deixa de requerer a condenação, nas alegações finais; 4) sendo o querelante pessoa jurídica, esta se extingue sem deixar sucessor.

Ainda com relação aos crimes de ação penal privada, a renúncia ao direito de apresentar queixa, bem como o perdão concedido pelo querelante e aceito pelo querelado implicam a extinção da punibilidade, não sendo possível, posteriormente, tomar-se qualquer medida no âmbito penal contrária ao imputado.

A retratação, nos casos previstos por lei, também opera como causa extintiva da punibilidade. Como exemplo, podem ser citados os crimes de calúnia e difamação, que admitem a retratação antes da sentença.[4]

Também o perdão judicial, nas hipóteses previstas em lei, integra o rol do art. 107 do Código Penal.

Como exemplo de perdão judicial, pode-se citar o caso do homicídio culposo,[5] em que as consequências da infração atingem o próprio autor de forma tão grave que torna a sanção penal desnecessária.

Tem-se entendido que, ao falar em atingir o autor de forma grave, o Código não se refere apenas às lesões de natureza física, mas também às de

---

4   Ver art. 143 do Código Penal.
5   Art. 121, § 5º, do Código Penal.

caráter sentimental e/ou moral. Assim, se o condutor de um veículo, dirigindo imprudentemente, causa acidente que acarreta a morte de seu filho, tem-se que, apesar de ele não ter sofrido lesões físicas, o acidente o atingiu de forma extremamente grave, devendo o magistrado conceder o perdão judicial, reconhecendo a extinção da punibilidade.

O perdão judicial foi incluído entre as causas de extinção da punibilidade na reforma da Parte Geral do Código Penal, ocorrida em 1984. Essa inclusão põe fim à discussão referente à natureza jurídica da sentença em que se concede o perdão. Defendia-se, e alguns autores ainda defendem, que a sentença que concede o perdão seria condenatória, o argumento seria que, se não há crime, não há o que perdoar.

No entanto, com a reforma, resta indubitável que a sentença em que o perdão é concedido apenas reconhece a extinção da punibilidade, não surtindo efeitos como o de gerar a reincidência, como expressamente previsto no art. 120 do Código Penal.

Em sede de tese de livre-docência, convolada no livro Ingerência indevida, sustentamos que, apesar de o art. 107, IX, do Código Penal condicionar o perdão judicial aos casos previstos em lei, ou seja, às hipóteses em que o legislador, expressamente, possibilita a aplicação de tal instituto, estando presentes os requisitos que ensejam a concessão do perdão, este poderá ser aplicado, independentemente de previsão legal.

Em outras palavras, em se vislumbrando, em determinada situação concreta, que o crime restou muito deletério ao imputado, causando-lhe sofrimento considerável, poderá o magistrado aplicar o perdão, mesmo que o legislador não tenha previsto tal possibilidade.

A realidade é sempre mais rica que a teoria. Afinal, quando uma lei é criada, tem-se por base o que se verificou, no mundo do ser, até o momento da edição da norma. Nada garante que, quando vigente a norma, situação não imaginada venha a se encaixar nela.

Sempre lembro o caso de um senhor que se feriu gravemente com uma arma da qual não tinha o porte. Ele chegou a ficar preso em flagrante, na unidade de terapia intensiva (UTI).

A situação sempre me pareceu, e ainda parece, insustentável. Não era possível falar em atipicidade, ausência de antijuridicidade, inexigibilidade de conduta diversa, nem outro tipo de erro. Ou seja, não estava presente nenhum excludente do crime.

No entanto, ninguém poderia negar que as consequências do crime lhe foram (e somente a ele) bastante prejudiciais. Salvo melhor juízo, ao sentenciar, o magistrado poderia ter aplicado o perdão judicial, mesmo que tal instituto não tenha sido previsto para o porte de arma. De todo modo, faz-se necessário deixar claro que esse posicionamento é muito minoritário.

O rol trazido pelo art. 107 do Código Penal não é taxativo, ou seja, não exaure as causas de extinção da punibilidade, podendo a Parte Especial e a legislação penal extravagante preverem outras possibilidades de extinção da punibilidade para casos específicos. É o que acontece, por exemplo, com os crimes contrários à ordem tributária, com relação aos quais, em regra, o pagamento da dívida extingue a punibilidade.

34 Prescrição

A prescrição vem prevista no art. 107, IV, do Código Penal, como uma das causas de extinção da punibilidade.

O curso do tempo sem que a ação penal referente à prática de um delito tenha sido movida ou sem que a sanção relativa a determinada infração penal tenha sido executada faz com que o Estado perca o direito de apurar a prática desse delito ou de executar a sanção.

Como bem apontam Eugenio Raúl Zaffaroni e José Henrique Pierangeli, o fundamento da prescrição, ou seja, a explicação para a sua existência, está intimamente relacionado à finalidade que se atribui ao direito penal.[1]

Com efeito, tomando-se o direito penal sob a perspectiva da prevenção geral (positiva ou negativa), tem-se que, passado um largo intervalo de tempo, resta infrutífera a aplicação de pena, já que para a própria sociedade se torna mais branda a lembrança do crime e de suas consequências.

Da mesma forma, à luz da teoria da prevenção especial, tem-se que, passado um largo espaço de tempo, o homem que sofrerá a pena não será o mesmo homem que praticou o delito, tornando-se desnecessário submetê-lo à punição.[2]

Mesmo trabalhando com a perspectiva de que o fim da pena é a retribuição, tem-se que a prescrição tem sua razão de ser no estímulo que implica para a atuação dos agentes estatais. Se não houvesse a "ameaça" da

---

[1] *Manual de direito penal brasileiro*: Parte Geral, p. 752.
[2] A oportunidade do instituto da prescrição fica bem evidenciada na obra de Victor Hugo *Os miseráveis*.

extinção da punibilidade pela prescrição, talvez as autoridades se sentissem mais confortáveis para agir quando bem entendessem. Isso sem contar o risco de a tomada das medidas cabíveis ser utilizada como forma de amedrontar e perseguir eventuais desafetos. A existência de prazos claros muito colabora para a transparência.

Também sob a perspectiva processual, a prescrição se justifica, tendo em vista o fato de o transcurso de muito tempo dificultar a colheita de provas (documentais e testemunhais).

Nos termos do art. 109 do Código Penal, a prescrição, antes de transitar em julgado a sentença final, regula-se pelo máximo da pena privativa de liberdade cominada ao crime, aplicando-se às penas restritivas de direitos os mesmos prazos previstos para as privativas de liberdade. Com relação à pena de multa, tem-se que, quando for a única pena cominada ou aplicada, a prescrição se opera em 2 (dois) anos; mas, se a multa for alternativa ou cumulativa com uma pena privativa de liberdade, deverá seguir o prazo prescricional relativo a esta.[3] A regra básica é que as penas mais leves prescrevem como as mais graves.[4]

O mesmo dispositivo enuncia uma verdadeira tabela, em que são relacionados a pena máxima prevista e o prazo em que o crime restará prescrito.

Assim, tem-se que a prescrição se verifica: a) em 20 anos, se o máximo da pena for superior a 12; b) em 16 anos, se o máximo da pena for superior a 8 anos e não exceder os 12; c) em 12 anos, se o máximo da pena for superior a 4 anos e não exceder os 8; d) em 8 anos, se o máximo da pena for superior a 2 anos e não exceder os 4; e) em 4 anos, se o máximo da pena for igual a 1 ano, ou, sendo superior, não exceder 2; f) em 3 anos, se o máximo da pena for inferior a 1 ano.

Dessa forma, percebe-se que, ao escolher aleatoriamente um crime no Código Penal, para saber o prazo prescricional relativo a ele, basta pegar a pena máxima que lhe é cominada e "jogar" na tabela aqui transcrita.

Por exemplo, sabendo-se que a pena máxima prevista para o crime de estelionato (art. 171 do Código Penal) é de 5 anos de reclusão e que os delitos que têm penas máximas maiores que 4 e menores que 8 anos

---

3   Ver art. 114 do Código Penal.
4   Ver art. 118 do Código Penal.

prescrevem em 12 anos, facilmente se conclui que o prazo prescricional do estelionato é de 12 anos.

É razoável que o cálculo do prazo prescricional, antes do trânsito em julgado de sentença condenatória, seja feito com base na pena máxima cominada ao crime praticado. Isso porque, anteriormente à condenação definitiva, não é possível dizer a que pena o imputado faz jus. Não é sequer possível dizer se ele faz jus a alguma pena, conhecendo-se, no entanto, a pena máxima a que ele está sujeito.

Diversa é a situação do agente que já sofreu condenação transitada em julgado. Após o trânsito em julgado da sentença condenatória, o prazo prescricional deve ser calculado com fulcro na pena aplicada e não com base na pena máxima, pois, após a sentença, já é possível saber qual a reprimenda merecida pelo condenado.[5]

Com efeito, para o cálculo do prazo prescricional posteriormente ao trânsito em julgado da sentença condenatória, deve ser utilizada a mesma tabelinha trazida pelo art. 109. No entanto, em vez de trabalhar com a pena máxima cominada ao delito, utiliza-se a pena aplicada em concreto.[6]

Assim, voltando ao exemplo do estelionato e supondo que o imputado foi definitivamente condenado a uma pena de um ano de reclusão, deve-se "pegar" esse um ano e "jogar" na tabela do art. 109. A conclusão imediata é que o prazo prescricional será de quatro anos.

O art. 115 do Código Penal determina que os prazos prescricionais sejam reduzidos pela metade quando se tratar de criminoso, ao tempo do crime, menor de 21 anos, ou, na data da sentença, maior de 70 anos.[7]

---

[5] Na hipótese de, durante o cumprimento da pena, o condenado se evadir, determina o Código Penal, em seu art. 113, que o prazo prescricional será calculado com base no tempo que resta da pena. Isso significa que, em caso de fuga, o juiz deverá "jogar" na tabela do art. 109 não a pena máxima nem a fixada na condenação, mas a pena que ainda faltava ser cumprida pelo foragido.

[6] Ver art. 110, *caput*, do Código Penal.

[7] Ser o criminoso menor de 21 anos, como já visto, funciona como circunstância atenuante. Agora, mais uma vez, ser menor de 21 anos acarreta um benefício para o autor do delito. O marco dos 21 anos se justificava na sistemática do Código Civil anterior, que era de 1916 e considerava que a maioridade civil apenas se verificava aos 21 anos. Com o advento do novo Código, que entrou em vigor em janeiro de 2003, a referência a tal idade perde um pouco o sentido, já que o novo diploma prevê a maioridade civil aos 18 anos, coincidindo, aliás, com a maioridade penal. Não obstante, o magistrado, até que haja uma adequação legislativa, estará obrigado a aplicar a diminuição do prazo prescricional, bem como todos os outros direitos que sejam assegurados ao menor de 21 anos, no âmbito penal, que, como antes aventado, não admite interpretação desfavorável ao imputado.

E o art. 119, também do Código Penal, determina que, no caso de concurso de crimes, a extinção da punibilidade incidirá sobre a pena de cada um, isoladamente.

Importa dizer que, para o cálculo do prazo prescricional em abstrato (antes do trânsito em julgado da sentença condenatória, com base na pena máxima) ou em concreto (depois do trânsito em julgado da sentença condenatória, com base na pena aplicada), as penas não devem ser somadas, se se tratar de concurso material de crimes, nem aumentadas, se for hipótese de concurso formal ou de crime continuado.

A prescrição anterior ao trânsito em julgado da sentença condenatória sempre diz respeito à pretensão punitiva do Estado. Quando se verifica a prescrição da pretensão punitiva do Estado, a pena não pode ser aplicada; a ação penal, se ainda não foi proposta, não poderá sê-lo; e a prática do delito não surte nenhum efeito jurídico para quem o praticou. É como se o crime não tivesse acontecido.

Já a prescrição verificada posteriormente ao trânsito em julgado da sentença condenatória, ou seja, com fulcro na pena aplicada na própria sentença, tanto pode ser referente à pretensão punitiva do Estado quanto pode dizer respeito à pretensão executória, ou seja, à pena. Tudo dependerá do momento em que se deu o decurso do prazo prescricional calculado com base na pena concreta.

Para entender essa diferença, é necessário falar nos termos iniciais e nas causas interruptivas do prazo prescricional.

Termos iniciais são aqueles em que o prazo prescricional começa a ser contado. Causas interruptivas são as que fazem com que a contagem se reinicie, desprezando-se o prazo anteriormente transcorrido.

De acordo com o art. 111 do Código Penal, constituem termo inicial da prescrição antes de transitar em julgado a sentença condenatória: 1) o dia em que o crime se consumou; 2) no caso de tentativa, o dia em que cessou a atividade criminosa; 3) nos crimes permanentes, o dia em que cessou a permanência;[8] 4) nos de bigamia e nos de falsificação ou alteração de

---

8 Exemplo típico de crime permanente é o sequestro. Ele se realiza mediante a privação da liberdade de uma pessoa e se prolonga até a liberação da vítima. Em qualquer fase dessa privação, o sequestro está consumado, sendo por isso possível realizar prisão em flagrante, a qualquer momento, durante o cativeiro. No caso de sequestro, o prazo prescricional começa a ser contado apenas posteriormente à libertação da vítima, não importando se a privação durou um dia, um mês ou um ano.

assentamento do registro civil, a data em que o fato se tornou conhecido; 5) nos crimes contra a dignidade sexual de crianças e adolescentes, previstos neste Código ou em legislação especial, a data em que a vítima completar 18 anos, salvo se a esse tempo já houver sido proposta a ação penal.

Com relação à prescrição posterior à sentença condenatória irrecorrível, o Código Penal, em seu art. 112, estatui serem seus termos iniciais: 1) o dia em que transita em julgado a sentença condenatória para a acusação, ou a que revoga a suspensão condicional da pena ou o livramento condicional; 2) o dia em que se interrompe a execução, salvo quando o tempo da interrupção deva computar-se na pena.

Iniciada a contagem do prazo prescricional, o Código prevê situações em que a contagem desse prazo será interrompida, isto é, reiniciada. Tendo em vista o fato de a prescrição ocorrer em razão da inércia do Estado, tem-se que, até por questões de lógica, as causas que interrompem o decurso do prazo prescricional estão relacionadas à atuação estatal. Senão vejamos.

O art. 117 do Código Penal lista como causas interruptivas da prescrição: o recebimento da denúncia ou da queixa;[9] a pronúncia;[10] a decisão confirmatória da pronúncia; a publicação da sentença ou do acórdão condenatórios recorríveis; o início ou a continuação do cumprimento da pena; e a reincidência.

Já foi mencionado que a prescrição posterior ao trânsito em julgado da sentença condenatória pode se referir à pretensão punitiva do Estado (prescrição que implica verdadeiro apagamento do crime) ou à pretensão executória do Estado (prescrição que impede a aplicação da pena, mas mantém a condenação, com todos os seus efeitos). Mencionou-se também que a diferença estaria relacionada ao momento em que se deu o decurso do prazo prescricional.

Pois bem, fixada a pena em concreto, tem-se que:

1. A prescrição recairá sobre a pretensão punitiva do Estado, se o decurso do prazo prescricional ocorrer anteriormente ao advento da sentença condenatória.

---

9 Como já dito, denúncia e queixa são os nomes técnicos conferidos à petição que inicia a ação penal, estando a denúncia relacionada à ação penal pública e a queixa à ação penal privada.

10 Pronúncia é o nome técnico conferido à decisão, prolatada em autos de processos relativos a crimes dolosos contra a vida, que envia o réu a julgamento pelo Tribunal do Júri.

Assim, transitada em julgado a sentença condenatória para a acusação, ou seja, restando impossível o aumento da pena, tem-se que, com base na pena aplicada concretamente, o prazo prescricional será recalculado.

Feito isso, deve-se verificar se, entre o recebimento da denúncia e a publicação da sentença condenatória, ou, nos casos de crimes dolosos contra a vida, entre o recebimento da denúncia e a pronúncia, ou entre a pronúncia e a decisão confirmatória da pronúncia, ou, ainda, entre esta e a sentença condenatória, transcorreu tempo superior ao prazo prescricional calculado com fulcro na pena aplicada.

Trata-se da chamada prescrição retroativa, ela atinge a pretensão punitiva do Estado, porque o prazo prescricional transcorreu antes da condenação.

Até maio de 2010, a prescrição retroativa poderia se verificar anteriormente ao recebimento da denúncia ou da queixa, ou seja, uma vez fixada a pena concreta e calculado o prazo prescricional com base em tal punição, checava-se se referido prazo teria transcorrido entre a data do fato (quando, em regra, se inicia a contagem do prazo prescricional) e o recebimento da denúncia ou da queixa.

Essa possibilidade, no entanto, sempre sofreu severas críticas. A alegação era que favoreceria a impunidade.

Como resposta a referidas críticas, foi editada a Lei n. 12.234/2010, que modificou o art. 110 do Código Penal, o qual passou a vedar, expressamente, que o prazo prescricional, calculado com base na pena aplicada, seja contado anteriormente à queixa ou à denúncia.

Com efeito, após a alteração acima noticiada, o § 1º do art. 110 do Código Penal passou a ter a seguinte redação:

> A prescrição, depois da sentença condenatória com trânsito em julgado para a acusação ou depois de improvido seu recurso, regula-se pela pena aplicada, não podendo, em nenhuma hipótese, ter por termo inicial data anterior à denúncia ou queixa.

2. A prescrição ainda recairá sobre a pretensão punitiva do Estado, se o decurso do prazo prescricional se der entre a sentença condenatória e o trânsito em julgado para as duas partes. Dessa forma, posteriormente ao trânsito em julgado da sentença condenatória para a acusação, com base na pena definitiva, deve-se recalcular o prazo prescricional e verificar se, entre

a publicação da sentença e o trânsito em julgado para as duas partes, transcorreu lapso de tempo superior àquele. Trata-se da chamada prescrição intercorrente.

3. No entanto, se o decurso do prazo prescricional ocorrer entre o trânsito em julgado da sentença condenatória para a acusação e o início do cumprimento da pena, a prescrição recairá sobre a pretensão executória do Estado. Significa que a pena não mais poderá ser executada, mas a condenação continuará hígida, gerando todos os seus efeitos, inclusive o da perda da primariedade, podendo, portanto, tal sentença ser considerada como antecedente criminal.

Parte IV

Breves considerações sobre temas candentes

35. Direito administrativo sancionador
36. Notas sobre a famigerada sociedade do risco
37. Projeto de novo Código Penal
38. Responsabilidade penal da pessoa jurídica
39. Algumas notas sobre a tão sonhada segurança pública
40. Não te corromperás

Esta quarta parte não consta da primeira edição deste livro. Decidi incluí-la para que o aluno que inicia seus estudos no direito penal tenha, ao menos, noções de assuntos muito importantes, que vêm sendo largamente debatidos pela doutrina, sendo objeto de várias teses acadêmicas.

São temas polêmicos, acerca dos quais tenho posicionamentos bastante definidos. Por óbvio, há estudiosos que analisam os mesmos temas de forma diversa. Nos itens que seguem, procurarei ser bastante transparente, deixando claros os argumentos favoráveis e contrários às opiniões adotadas. Nada garante que eu esteja certa, só o que posso fazer é ser fiel ao leitor e às minhas próprias convicções.

35 Direito administrativo sancionador

A primeira vez que ouvi falar em direito administrativo sancionador foi em meados da década de 1990, quando o saudoso professor alemão Winfried Hassemer esteve no Brasil para ministrar palestra acerca do tema. Paulatinamente, suas ideias foram sendo disseminadas e adaptadas, ganhando vários adeptos.

Com o texto "Ilícito administrativo e o *jus puniendi* geral", Miguel Reale Júnior sustenta que o ilícito é único, ou seja, não existiria um ilícito de natureza penal e um ilícito de natureza civil, ou mesmo um ilícito de cunho administrativo. O ilícito seria um só, ficando a cargo do legislador coibi-lo e puni-lo na esfera que julgar adequada. Confiram-se as palavras do próprio autor:

> Muito se discute se há uma diferença qualitativa ou apenas quantitativa entre ilícito penal e ilícito administrativo. O certo, contudo, é a existência de um *jus puniendi* geral, ao qual se aplica um regime jurídico do Estado punitivo consoante com o Estado de Direito, independentemente da adoção da teoria de diferenciação qualitativa ou quantitativa entre ilícito penal e administrativo. No entanto, seguindo a maioria da doutrina e da jurisprudência, entendo que não há diferença estrutural, mas apenas normativa entre os dois tipos de ilícito, o que torna ainda mais patente a aplicação ao campo do ilícito administrativo dos princípios constitucionais de proteção do indivíduo perante o Estado punitivo. Os processos de despenalização ocorridos na Itália e na França bem demonstram como a escolha da via penal ou da via administrativa *nada tem a ver com a importância do bem jurídico*, tratando-se

antes de uma escolha com base na conveniência política deste ou aquele caminho, com vista a melhor alcançar os fins preventivos e retributivos de um direito punitivo que cada vez mais se faz único. Trata-se, portanto, de um problema de *eficácia social*, e não de uma questão de diversidade axiológica, como já assinalei anteriormente.[1]

Eduardo Reale Ferrari também comunga do entendimento de que o ilícito é único, cumprindo ao ordenamento coibi-lo mediante um único ramo do Direito. Em suas próprias palavras:

> O Direito é unívoco, não havendo sentido em falar-se em ilicitude penal econômica se ausente a ilicitude econômica, tratando-se de uma visão sistêmica [...]. Não obstante ser a seara econômica, ordem de cunho constitucional, desnecessária constitui a obrigatoriedade da criminalização para a repressão ao abuso do poder econômico, investindo todos os esforços na criação de um efetivo Direito Administrativo Sancionador, que ao invés de escamotear as deficiências da seara penal econômica, acabará por adquirir credibilidade e eficiência sancionatória, cabendo-nos despenalizar uma série de condutas atentatórias à ordem econômica buscando novas soluções estruturais, do qual exemplo constitui a reestruturação por um Direito Administrativo imparcial e independente, que prime pelo respeito ao mercado competitivo e especialmente lícito.[2]

Helena Regina Lobo da Costa, em sede de tese de livre-docência, defendida perante a Faculdade de Direito da Universidade de São Paulo, também defende a unidade do ilícito, sustentando a adoção de um direito administrativo sancionador, com garantias e regras próprias, afastando-se a incidência de direito penal. Segundo a autora:

> Entre os ilícitos penal e administrativo existe uma diferença normativa, fundada nos requisitos mais rigorosos impostos ao legislador para a criminalização e,

---

1 "Ilícito administrativo e o *jus puniendi* geral". In: PRADO, Luiz Regis (coord.). *Direito penal contemporâneo:* estudos em homenagem ao Professor José Cerezo Mir, p. 93.
2 "Legislação penal antitruste: direito penal econômico e sua acepção constitucional". In: COSTA, José de Faria; SILVA, Marco Antônio Marques (coord.). *Direito penal especial, processo penal e direitos fundamentais:* visão luso-brasileira, p. 609 e 619.

sobretudo, pela distinta estrutura jurídica na qual se inserem. Entretanto, não é correto apontar para uma suposta maior reprovabilidade absoluta dos ilícitos penais face aos administrativos, tampouco a conteúdos éticos distintos.[3]

A tese da autora revela o fato de ter sido orientada por Winfried Hassemer, na Alemanha, e por Miguel Reale Júnior, no Brasil.

Nutro profunda admiração pelos quatro autores antes citados e por tantos outros que comungam de idêntica convicção. Miguel Reale Júnior foi meu orientador no doutoramento e sempre será uma referência em minha vida.

Além da admiração, reconheço objetivos bastante nobres nas proposições mencionadas, as quais, muito embora guardem entre si diferenças dogmáticas, visam todas a evitar a dupla punição.

Com efeito, sempre vigorou no ordenamento, na doutrina e na jurisprudência o entendimento de que os diversos ramos do Direito e também a esfera administrativa são completamente independentes, não havendo como evitar, por exemplo, que o mesmo fato enseje punição penal, civil e até administrativa.

No campo do direito penal econômico, os exemplos são fartos. Por força de um suposto crime contra o consumidor, o fornecedor do produto, ou do serviço, em regra, é punido na esfera criminal e também administrativamente. No âmbito tributário, o contribuinte é autuado administrativamente, sendo punido com multas confiscatórias e, não raras vezes, submetido a procedimento criminal.[4]

Idêntico fenômeno se verifica nos campos da livre concorrência, do sistema financeiro e na seara do meio ambiente.

Mais recentemente, tem sido bastante comum ações trabalhistas resultarem, quase automaticamente, na instauração de inquéritos policiais, para apurar a suposta prática dos crimes de frustração de direitos trabalhistas e de redução a condição análoga à de escravo. Se realmente houvesse os elementos caracterizadores de tais crimes, o início do procedimento penal

---

3 "Direito penal econômico e direito administrativo sancionador: *ne bis in idem* como medida de política sancionadora integrada". São Paulo, 2013. Tese (Livre-docência em Direito Penal). Faculdade de Direito, USP, p. 235.

4 A esse respeito, ver: PASCHOAL, Nohara. "Crime tributário: a não apresentação de documentos fiscais e a necessidade de preservar a diferenciada dignidade da esfera penal". In: SILVEIRA, Renato de Mello Jorge; RASSI, João Daniel (org.). *Estudos em homenagem a Vicente Greco Filho*.

haveria de ser aplaudido. No entanto, na absoluta maioria dos casos, está-se diante de situações que poderiam muito bem ser dirimidas no âmbito da própria Justiça do Trabalho, restando, portanto, desrespeitado o valioso princípio da subsidiariedade. Para se ter uma ideia acerca da gravidade da situação, há casos em que a distância existente entre as camas dos funcionários em alojamentos enseja procedimentos na esfera penal, a pretexto da prática do crime de redução à condição análoga à de escravo, o que é inconcebível.

Diante de vários procedimentos, frequentemente contraditórios, o imputado fica com suas possibilidades de defesa mitigadas, sem contar os recursos morais e materiais que precisa investir nas várias defesas. Quando tenta alegar que já fora punido, ou exculpado, em um dos procedimentos, recebe como resposta que as várias esferas são independentes.

Por esse breve quadro, nota-se que, ao defender a unidade do ilícito e, portanto, do poder sancionador do Estado, os autores citados realmente têm objetivos nobres. No entanto, temo que argumentos desposados com um bom fim acabem sendo utilizados para um objetivo menos auspicioso. Vejamos.

Já no início deste livro, procurou-se evidenciar que só podem ser criminalizados, ou seja, ser objeto do direito penal, as condutas que firam os bens jurídicos mais valiosos, os quais, por isso, são alçados à condição de bem jurídico penal.

Por mais que se reconheça a dificuldade, tem-se que toda teoria do bem jurídico tem por fim diferenciar o direito penal dos demais ramos do Direito; mostrar que ele somente pode incidir nas situações mais gravosas, sendo justamente por isso que há sentido em falar em subsidiariedade.

Com efeito, se o ilícito é único e os vários ramos do Direito são indiferentes, como sustentar a tão almejada subsidiariedade?

Só é possível dizer que o direito penal deve ser mínimo, que ele somente incide no último caso, em resumo, que é subsidiário, devendo-se, sempre, dar preferência aos demais ramos do Direito, se se admitir que existe diferença naturalística, ontológica e ética entre ele e os demais!

Já há um bom tempo, Günther Jakobs, em várias de suas obras, vem sustentando que a teoria do bem jurídico não faz sentido, pois, quando o direito penal incide, o bem jurídico já foi lesado.[5]

---

5   Ver JAKOBS, Günther. *Sociedad, norma y persona en una teoria de un derecho penal funcional.*

Para esse autor, até por essa particularidade, resta impossível dizer que a missão do direito penal é proteger bens jurídicos penais.

Como consequência desse entendimento, Günther Jakobs aduz que o legislador simplesmente escolhe o que criminalizar, não estando limitado por nenhum conteúdo naturalístico ou ético, sendo certo que o fim do direito penal e da pena seria simplesmente a convalidação da própria norma.

Essa visão radical de Jakobs costuma ser criticada por grande parte da doutrina. No entanto, salvo melhor juízo, ainda que indiretamente, sustentar que o ilícito é uno, não havendo, portanto, qualquer diferença entre os ilícitos penal e administrativo, acaba por corroborar a tese jakobsiana de que o legislador pode escolher a esfera pela qual vai coibir um determinado comportamento.

Em outras palavras, por mais que os objetivos sejam nobres, a meu ver, defender a unidade do ilícito finda por abrir portas para o arbítrio estatal.

É bem verdade que os autores que defendem tal unidade costumam sugerir a descriminalização, com a suficiência da esfera administrativa. Ou seja, o pensamento que os norteia é o seguinte: se o ilícito é único e o legislador pode optar, que opte pelo direito administrativo.

Porém, da mesma forma que, em sendo único o ilícito, o legislador pode escolher puni-lo na esfera administrativa, nada impede que venha a escolher puni-lo na esfera penal. Assim, ao invés de rumar para um direito penal mínimo, estar-se-ia rumando para um direito penal máximo.

Por mais que leia a esse respeito, continuo entendendo ser diferente, sim, vender um iogurte próprio para consumo, muito embora esteja com prazo de validade expirado, de vender um iogurte avariado, que causa mal-estar ao consumidor. Também não é possível deixar de distinguir o ato do empregador que deixa de dar férias a seus empregados daquele que os tranca em seu ambiente de trabalho, negando-lhes água potável.

O iogurte próprio para consumo, com data de validade expirada, até pode ensejar uma multa administrativa, mas jamais pode render consequências penais. Igualmente, a não concessão de direitos trabalhistas até pode tornar legítima uma indenização na esfera própria, mas jamais uma intervenção penal. Privar os empregados de liberdade e de água potável, por outro lado, é crime da maior gravidade.

Ora, só é possível distinguir essas situações partindo do pressuposto de que o ilícito não é uno, de que o ilícito penal é (e deve ser) especial.

Ainda que seja difícil, prefiro trabalhar com a ideia de que o direito penal, para incidir, depende da violação de bens mais valiosos e por meio de ações diferenciadamente reprováveis, sendo certo que essa concepção limita o legislador (no momento de criminalizar condutas) e também o julgador (no momento de aplicar a norma).

36 Notas sobre a famigerada sociedade do risco

Quem estuda direito penal já está farto de ler e ouvir falar sobre sociedade do risco. Na condição de professora de direito penal, faço parte de inúmeras bancas de tese de láurea, dissertações de mestrado e teses de doutoramento que simplesmente aceitam, passivamente, a ideia de que, na atualidade, vivenciamos mais riscos que em épocas remotas.

Não é oportuno aprofundar as origens dessa discussão nesta oportunidade; entretanto, para sustentar que vivemos em uma sociedade do risco, aduz-se que o desenvolvimento tecnológico possibilita riscos de maior impacto que os existentes em períodos passados.

O desenvolvimento de armamentos de longo alcance, as bombas atômica e biológica, a internet, a produção de alimentos, remédios e tantos outros produtos em larga escala, a necessidade de nos deslocarmos por meio de aviões, trens e veículos em trânsito caótico são citados como fontes de riscos antes não existentes.

Quando confrontados com os riscos que havia, por exemplo, à época das grandes navegações, os adeptos da ideia de que a sociedade atual encerra mais riscos alegam que, antes, os riscos tinham pequeno impacto, já na atualidade podem atingir toda a humanidade.

Intrigantemente, esses autores se esquecem de que as tecnologias que trazem esses novos riscos também são responsáveis pela maior longevidade de grande parte da população mundial.

Com efeito, graças aos novos medicamentos, aos exames sofisticados, aos procedimentos terapêuticos, às vitaminas, aos maquinários que nos poupam dos trabalhos mais pesados, hoje, todos vivemos mais e, salvo raras exceções, melhor.

Em outras palavras, se a modernidade trouxe mais riscos, também trouxe mais recursos.

Tanto a sociedade de risco é discutível que, atualmente, um dos grandes problemas a serem enfrentados pela bioética diz respeito à eutanásia, e não há um grande penalista que não tenha se dedicado a referido tema. Se realmente estivéssemos em uma sociedade de risco, não teríamos de lidar com o fato de as pessoas não morrerem, ou terem tantos recursos para permanecerem vivas, que não se sabe o que fazer com relação aos respiradores artificiais.

Mas não interessa entrar em um conflito para definir se os aspectos positivos da modernidade são mais significativos que os negativos, ou o contrário.

A bem da verdade, não guardo nenhuma restrição ao fato de a sociologia e a filosofia se ocuparem do impacto da tecnologia na vida das pessoas e na própria organização do mundo.

O que tem me preocupado significativamente é o fato de essa discussão ter invadido o direito penal de modo a alterar, por completo, sua conformação tradicional.

Com efeito, graças a essa ideia de que a sociedade de hoje corre mais riscos que a antiga, aos poucos, a doutrina e a jurisprudência vêm conferindo maior importância ao perigo que ao dano.

Com isso, não é raro ver julgadores indignados com comportamentos punidos a título de perigo abstrato e não se constrangerem muito ao absolver, ou colocar em liberdade, autores confessos de homicídios.

Igualmente, já não são poucos os casos em que a defesa não consegue a liberdade de pessoas acusadas de acessar pornografia infantil virtual, ou seja, de olharem *sites* pornográficos envolvendo crianças, ao mesmo tempo em que pessoas que efetivamente estupraram crianças conseguem responder à ação penal em liberdade.

Esse dogma da sociedade de risco, ao invadir o direito penal, ensejou verdadeira inversão de valores. E eu, já há muito, venho denunciando que essa inversão não é positiva.

Ao mesmo tempo em que o perigo passa a ser mais reprovável que o dano, a culpa passa a ser considerada mais problemática que o dolo.

De fato, aos poucos, autores que, a princípio, não se identificam com as ideias de Günther Jakobs, aceitam a tese de que as ações dolosas, por vitimarem uma única pessoa, não são tão deletérias quanto as culposas, dado que estas findam atingindo uma coletividade.

Com esse raciocínio, já há autores sustentando que é pior errar no processo de fabricação de um remédio e causar lesão a várias pessoas do que dar um tiro na cabeça de um único indivíduo.

Respeito as divergências, mas, francamente, o direito penal não deve ser aplicado com fulcro na matemática. Não é porque um erro, ao qual estamos todos sujeitos, finda por prejudicar a muitos, que esse erro deverá ser punido mais severamente do que o ato de matar, intencionalmente, uma pessoa.

Mesmo correndo o risco de ser considerada ultrapassada, tenho sido uma crítica ferrenha dessa tal sociedade do risco. A meu ver, ela serve apenas de subterfúgio para pretensões totalitárias, de alargamento do poder punitivo sobre pessoas que não quiseram, deliberadamente, fazer um mal.

Aliás, a concepção de que vivemos em uma sociedade do risco está diretamente relacionada ao inegável aumento da punição de crimes comissivos por omissão.

A ideia subjacente é a de que, na sociedade do risco, todos temos papéis a desempenhar, e a expectativa é a de que os desempenhemos bem. Sobre esse alicerce, cresce a pretensão de que aqueles que falham ao desempenhar seus respectivos papéis sejam punidos pelo direito penal.

Ora, quem falha nas suas funções deve ser demitido (por justa causa); deve ser condenado a indenizar, mas a frustração de expectativas sociais não pode ser suficiente para a intervenção do direito penal!

Em uma democracia, em que vigora o direito penal mínimo, o direito penal somente pode incidir quando alguém pratica um mal, e não quando deixa de fazer o bem. A solidariedade é um dever moral e não pode ser imposta pelo direito penal.

O aluno iniciante deve ficar bastante atento. O crescimento da ideia de sociedade do risco finda por destruir todos os institutos estudados nos itens anteriores. Ela liquefaz todas as noções que, em certa medida, limitam a aplicação do direito penal, e direito penal indefinido é o caminho mais fácil para o totalitarismo.

Tanto no nazismo alemão como nos socialismos russo, chinês e cubano, os institutos do direito penal restaram flexibilizados justamente com o fim de impor o terror. Por mais renovados que estejam os argumentos, não podemos permitir o retorno desses movimentos.

37 Projeto de novo Código Penal

Em 2012, o Senador Pedro Taques requereu a constituição de uma comissão de juristas com o fim de propor a reforma de toda a legislação penal. O intuito era adotar o princípio da codificação, trazendo toda a legislação especial e extravagante para dentro do Código Penal. Isso porque, atualmente, além dos crimes previstos no Código Penal, há muitos outros capitulados em leis esparsas, como é o caso do Código de Trânsito Brasileiro, do Estatuto do Idoso, do Estatuto da Criança e do Adolescente, entre tantos outros diplomas legislativos.

Já no requerimento de constituição da comissão, fazia-se menção à sociedade do risco e à necessidade de adequar a legislação a essa indefinida sociedade.

Convidada a participar de uma mesa de debates sobre tal requerimento, no Instituto Brasileiro de Ciências Criminais, deixei claras minhas objeções.

Com efeito, apesar de ter várias críticas ao Código Penal vigente, cuja Parte Geral data de 1984 e a Parte Especial, de 1940, faz-se necessário destacar que não se trata de diploma legislativo autoritário, ou ultrapassado, como se tornou comum alardear.

A esse respeito, cumpre destacar que o Código Penal de 1940 tem como uma de suas maiores qualidades o fato de ter colocado os crimes contra a pessoa no início da Parte Especial, mostrando a importância da pessoa em nossa sociedade.

Pois bem, ao tentar justificar a necessidade de um novo Código, o Senador Pedro Taques disse justamente ser necessário abandonar o individualismo liberal. Ora, penso que, em uma verdadeira democracia, o indivíduo deve ser colocado à frente da sociedade, pois a sociedade é formada por vários indivíduos.

Diferentemente do discurso que prevalece, entendo que não carecemos de mais reformas legislativas, mas sim de políticas públicas e também de políticas de segurança pública, bem como da efetiva aplicação da legislação vigente. Dizer que precisamos de novas leis, quase sempre, constitui uma boa desculpa para não se fazer o que é factível e desejável.

Pois bem, em poucos meses de trabalho, a comissão instituída apresentou o Projeto de novo Código Penal, que recebeu o número 236/2012.

De plano, manifestei-me, por todos os meios possíveis, criticamente a tal projeto. Dentre as várias objeções que levantei, destaco as seguintes:

O projeto institui a nova figura da culpa gravíssima, falando em excepcional temeridade, sem qualquer definição. Como evidenciado nos itens anteriores, já é difícil trabalhar com as conhecidas figuras do dolo direto, dolo eventual e da culpa, que dirá incluir uma nova categoria.

O projeto possibilita que o magistrado aplique a pena de multa, independentemente de previsão legal e em montantes bastante significativos, quase confiscatórios.

Por ter especial apreço pelos crimes comissivos por omissão, fiquei muito preocupada pelo fato de o projeto instituir a participação por omissão nos crimes de outrem.

Ainda no que tange à Parte Geral, chama atenção o fato de o projeto alargar, significativamente, a responsabilidade penal da pessoa jurídica.

Na Parte Especial, o projeto praticamente legalizou o aborto, ao permitir a realização do procedimento quando a gestante não tenha condições psicológicas para manter a gravidez.

O ponto mais insustentável foi o da legalização da exploração da prostituição de adolescentes.

Com a elevação da pena destinada à difamação, com grande repercussão, o projeto possibilita a perseguição aos jornalistas, o que não é desejável em democracias.

Ainda que indiretamente, o projeto legaliza o tráfico interno de órgãos e cria os estranhos crimes de *bullying*, abandono de animais e omissão de socorro aos animais, entre vários pontos bastante polêmicos.

Paulatinamente, vários estudiosos do direito penal passaram a se manifestar contrariamente ao projeto, o qual foi submetido a duas grandes revisões por parte do Senador Pedro Taques.

Muitos pontos foram corrigidos pelo parlamentar, como os referentes à legalização do aborto, do tráfico de órgãos e da exploração da prostituição de adolescentes. Porém, ainda assim, o Código proposto, salvo melhor juízo, é muito inferior ao ora vigente.

Por tal razão, seguindo os ensinamentos de Santo Tomás de Aquino, a seguir transcritos, para quem uma reforma legislativa somente se justifica quando os bônus são superiores aos ônus, espero que esse projeto não seja aprovado, pois implicaria verdadeiro retrocesso.

> A lei humana é corretamente mudada à medida em que por sua mudança se provê à utilidade comum. Contudo, a mudança da lei constitui em si mesma certo prejuízo das salvaguardas comuns. Isto porque para a observância da lei em muito contribui o costume e de tal maneira que o que se faz contra o costume comum, por mais leve, pareça ser mais pesado. Daí seguir-se que, quando se muda a lei, diminui o vigor coercitivo da mesma, à medida que é abolido o costume. Eis por que nunca se deve mudar a lei humana a não ser quando, de um lado, se favorece tanto a salvaguarda comum, quanto de outro lado se derroga, o que ocorre, ou porque uma utilidade máxima e evidentíssima provém do novo estatuto, ou porque é máxima a necessidade, seja por conter a lei costumeira manifesta iniquidade, seja por sua observância ser sobremodo nociva. Donde dizer o jurisconsulto que "nas coisas novas a serem constituídas deve ser evidente a utilidade, para que se abandone aquele direito que por muito tempo foi considerado de acordo com a equidade (Digesto, L. t. 4, LG. 2, KR I, 35ª).[1]

---

1   AQUINO, Santo Tomás. *Escritos políticos de Santo Tomás de Aquino*, p. 116-7.

38
Responsabilidade penal da pessoa jurídica

A responsabilidade penal da pessoa jurídica já existe no ordenamento nacional, no âmbito dos crimes ambientais. Falar em responsabilizar penalmente a pessoa jurídica significa que a própria empresa (e não as pessoas físicas) será investigada no inquérito policial e ré na ação penal; em caso de condenação, ela também será punida.

Como já dito, o Projeto de Lei n. 236/2012 visa a estender a responsabilidade penal da pessoa jurídica para os crimes contrários à ordem econômica, ao sistema financeiro e à administração pública, o que soma mais de cem tipos penais.[1]

---

1 "**Responsabilidade penal da pessoa jurídica** – Art. 38. As pessoas jurídicas de direito privado serão responsabilizadas penalmente pelos atos praticados contra a administração pública, a ordem econômico-financeira e o meio ambiente, nos casos em que a infração seja cometida por decisão de seu representante legal ou contratual, ou de seu órgão colegiado, no interesse ou benefício da sua entidade. § 1º A responsabilidade das pessoas jurídicas não exclui a das pessoas físicas, autoras, coautoras ou partícipes do mesmo fato, nem é dependente da identificação ou da responsabilização destas. § 2º A dissolução da pessoa jurídica ou a sua absolvição não exclui a responsabilidade da pessoa física. § 3º O juiz poderá determinar que as penas sejam aplicadas à pessoa jurídica constituída com a finalidade de evitar a aplicação da lei penal àquela em cuja administração foram praticados os fatos criminosos. § 4º Quem, de qualquer forma, concorre para a prática dos crimes referidos neste artigo, incide nas penas a estes cominadas, na medida da sua culpabilidade, bem como o diretor, o administrador, o membro de conselho e de órgão técnico, o auditor, o gerente, o preposto ou mandatário de pessoa jurídica, que, sabendo da conduta criminosa de outrem, deixar de impedir a sua prática, quando podia agir para evitá-la [...] **Penas das pessoas jurídicas** – Art. 66. As penas aplicáveis isolada, cumulativa ou alternativamente às pessoas jurídicas, de acordo com os limites mínimo e máximo previstos nos tipos penais, os motivos da infração, suas consequências para a sociedade, os antecedentes do infrator e, no caso de multa, sua situação econômica, são as seguintes: I – multa; II – restritivas de direitos; III – prestação de serviços à comunidade; IV – perda de bens e valores; V – a publicidade do fato em órgãos de comunicação de grande circulação ou audiência.

Se o projeto for aprovado, quando ocorrer, por exemplo, um crime tributário, além da ação penal movida em face das pessoas físicas responsáveis pelo pretenso crime, também será processada criminalmente a própria empresa em que os fatos se desenvolveram.

A responsabilidade penal da pessoa jurídica está prevista em vários ordenamentos jurídicos, cabendo destacar os seguintes países: França, Espanha, Portugal e Estados Unidos.

São exemplos de países que não admitem tal responsabilização Itália e Alemanha.

No Brasil, há muitos entusiastas da responsabilidade penal da pessoa jurídica. Entre os vários argumentos desposados, prevalece o de que a esfera penal implica maior estigma que eventual punição administrativa.

Muito embora respeite os defensores da responsabilidade penal da pessoa jurídica e reconheça que, realmente, a esfera penal enseja maior

---

§ 1º Para fins de transação, suspensão condicional do processo e cálculo de prescrição, adotar-se-á como referencial as penas de prisão previstas para as pessoas físicas. § 2º Na aplicação da pena, o juiz deverá, sempre que possível, priorizar as restritivas de direitos mais adequadas à proteção do bem jurídico lesado pela conduta. § 3º A pessoa jurídica constituída ou utilizada, preponderantemente, com o fim de permitir, financiar, facilitar ou ocultar a prática de crime terá decretada sua liquidação forçada, seu patrimônio será considerado instrumento do crime e como tal perdido em favor do Fundo Penitenciário. § 4º A publicidade em órgãos de comunicação prevista no inciso V do *caput* deste artigo será custeada pelo condenado e terá por objeto notícia sobre os fatos e a condenação, em quantidade de inserções proporcional à pena concreta substituída, pelo período mínimo de um mês e máximo de um ano. Art. 67. As penas restritivas de direitos da pessoa jurídica são, cumulativa ou alternativamente: I – suspensão parcial ou total de atividades; II – interdição temporária de estabelecimento, obra ou atividade; III – a proibição de contratar com instituições financeiras oficiais e participar de licitação ou celebrar qualquer outro contrato com a Administração Pública Federal, Estadual, Municipal e do Distrito Federal, bem como entidades da administração indireta; IV – proibição de obter subsídios, empréstimos, subvenções ou doações do Poder Público, bem como o cancelamento, no todo ou em parte, dos já concedidos; V – proibição a que seja concedido parcelamento de tributos, pelo prazo de um a cinco anos. § 1º A suspensão de atividades, pelo período de um a dois anos, será aplicada quando a pessoa jurídica não estiver obedecendo às disposições legais ou regulamentares, relativas à proteção do bem jurídico violado. § 2º A interdição das atividades, pelo prazo de um a três anos, será aplicada quando o estabelecimento, obra ou atividade estiver funcionando sem a devida autorização, ou em desacordo com a concedida, ou com violação de disposição legal ou regulamentar. § 3º A proibição de contratar com o Poder Público e dele obter subsídios, subvenções ou doações será aplicada pelo prazo de dois a cinco anos, se a pena do crime não exceder cinco anos; e de dois a dez anos, se exceder. Art. 68. A prestação de serviços à comunidade pela pessoa jurídica consistirá em: I – custeio de programas sociais, de defesa dos direitos humanos e de projetos ambientais; II – execução de obras de recuperação de áreas degradadas, ou o custeio de sua execução; III – manutenção de espaços públicos; ou IV – contribuições a entidades ambientais ou culturais públicas, bem como as relacionadas à defesa da ordem socioeconômica".

estigma, por vários motivos, não vislumbro vantagens em aumentar as possibilidades de punição criminal de empresas.

Primeiramente, cabe consignar que a Constituição Federal somente previu esse tipo de responsabilidade ao tratar do bem jurídico meio ambiente, sendo, portanto, evidente que alargar as possibilidades de se responsabilizar criminalmente as empresas fere a Carta Magna.

No que concerne à própria teoria do delito e aos pilares do direito penal, tem-se que seus princípios mais básicos (culpabilidade, individualização, pessoalidade etc.) foram todos criados pensando-se na pessoa física, constituindo, sob toda e qualquer perspectiva, uma verdadeira aberração pretender aplicá-los às pessoas jurídicas, que constituem uma ficção.

Impossível transferir a análise da imputabilidade feita com relação à pessoa física à pessoa jurídica. Como pensar em verificar a consciência do caráter ilícito da ação em alguém que não existe? Ademais, a sanção penal por excelência é a pena privativa de liberdade, absolutamente impossível de ser aplicada à pessoa jurídica.

Além de constitucional e dogmaticamente a responsabilidade penal da pessoa jurídica ser descabida, tem-se que, em termos econômicos, ela não se mostra adequada.

Com efeito, o estigma que inquestionavelmente circunda a esfera penal recairá diretamente sobre os empregados e sobre os clientes (consumidores). Afinal, ao prejudicarem a imagem da empresa, a condenação criminal e o próprio processo comprometerão o consumo, podendo levar a demissões. Além disso, os gastos necessários à defesa da pessoa jurídica, fatalmente, encarecerão os produtos.

Esse risco se torna mais palpável quando se sabe que o Projeto de novo Código Penal prevê, como uma das possíveis penas para as pessoas jurídicas, a publicação, pelo prazo de até um ano, da própria condenação em jornais de grande circulação. Essa punição pode liquidar uma empresa e também os empregos dos funcionários.

Atualmente, as empresas já vivem em meio a um emaranhado de normas das mais diversas naturezas, normas estas que, muitas vezes, são conflitantes e abrem margem para insegurança, ilicitude e corrupção. Isso sem contar os prejuízos econômicos ao próprio país.

Além de todo esse quadro, estou convencida de que a adoção da responsabilidade penal da pessoa jurídica, de maneira ampla, prejudicará a segurança pública. Isso porque os parcos recursos materiais e humanos de que dispomos para enfrentar o crime serão desviados para investigarem-se as empresas. As Polícias Civil, Militar e Federal, os Ministérios Públicos Estadual e Federal e as Magistraturas Estadual e Federal já não conseguem prevenir e punir os vários crimes que atormentam a sociedade na atualidade.

Quando esses crimes ocorrem no âmbito de empresas, as pessoas físicas responsáveis já são alvo de perseguições penais. As pessoas jurídicas costumam sofrer sanções civis, fiscais e administrativas. Por que, afinal, alterar esse quadro?

Os países que adotaram a responsabilidade penal da pessoa jurídica não têm mais de cinquenta mil homicídios por ano, também não têm o número de roubos, estupros, latrocínios e desvios de verbas públicas que, infelizmente, tem o Brasil.

Nosso país não consegue resolver o básico! Se adotarmos a responsabilidade penal da pessoa jurídica, os parcos recursos da segurança pública serão desviados para matéria que não é da natureza do direito penal.

Como já escrevi em várias outras oportunidades, criminosos armam fachadas, que são utilizadas e descartadas quando não mais se revelam interessantes. As empresas e indústrias que serão alcançadas pelo direito penal são aquelas fundadas por pessoas que ainda acreditam que vale a pena investir no Brasil, apesar da legislação esquizofrênica, que asfixia os agentes econômicos.

39
Algumas notas sobre a tão sonhada segurança pública

Primeiramente, gostaria de deixar claro que não sou especialista em segurança pública. Meus títulos são em direito penal.

No entanto, na medida em que toda vez que se fala em segurança pública, usa-se o direito penal como desculpa, sinto-me legitimada a escrever essas breves notas acerca do tema. Ademais, tive a oportunidade de ocupar posições que me transformaram em uma interessada no assunto que, hoje, constitui um dos principais problemas do Brasil.

Como boa observadora, noto que as pessoas que se arvoram a especialistas em segurança pública, em regra, abraçam concepções extremas. Ou bem se apresentam como defensoras dos direitos humanos, ou bem se rotulam defensoras da sociedade ou da própria segurança pública.

Os discursos são apaixonados. Com frequência, o primeiro grupo quer descriminalizar condutas, diminuir penas, abrandar a execução da pena e, aparentemente, somente se comovem com a lesão aos direitos fundamentais de investigados, réus e condenados. As vítimas costumam ser tratadas como culpadas em suas abordagens.

No outro extremo, encontramos os tais defensores da sociedade, que não são menos radicais, uma vez que bradam por aumento desenfreado de penas; apoiam toda e qualquer proposta de criminalização e, infelizmente, fazem vistas grossas às violações perpetradas contra os direitos fundamentais de investigados, processados e presos, provisórios ou condenados.

Com todo o respeito, esses dois polos estão enganados. Não existe oposição entre direitos humanos e segurança pública. A bem da verdade, não há segurança pública, com violação institucional dos direitos fundamentais. Da mesma forma, é impossível o livre gozo dos direitos fundamentais se não houver segurança pública. Segurança pública e direitos humanos não se excluem, complementam-se.

Como já dito e repetido neste livro, há situações que merecem, nos termos da lei, a intervenção do aparato penal. Mas reconhecer essa necessidade não significa fechar os olhos para os casos em que essa intervenção se revela descabida ou exagerada.

Nem todos os projetos de lei que criminalizam e elevam as penas são bons, e nem todas as propostas de legalização e diminuição de pena merecem aplausos.

A análise deve ser feita com fulcro nos bens jurídicos envolvidos e em todos os princípios que informam o direito penal.

Além disso, é preciso que fique claro que torturas, execuções e extermínios jamais podem ser admitidos como instrumentos de segurança pública. São crimes e como crimes devem ser tratados.

Também os demais crimes, sobretudo os perpetrados com violência, ou grave ameaça, precisam de contenção pelo direito penal e pelo aparato policial.

Muitos especialistas em segurança pública bradam que não precisamos de mais polícia, mais viaturas e mais armas; sustentam que as políticas públicas de educação, saúde e cidadania em geral são o único caminho para reduzir a violência.

É evidente que educação, saúde, urbanização, saneamento básico e até a iluminação reverberam positivamente nos índices de segurança. No entanto, mesmo em sociedades bastante justas, o crime existe, então, também é necessário investir em policiamento, com todos os seus consectários.

Faz-se necessário tomar cuidado para não cair em nenhum dos dois discursos falaciosos. Cumpre desconfiar de quem sugere que a prática de crimes por agentes do Estado é o único meio de conter a violência; ou mesmo daqueles que acham que o recrudescimento penal é sempre o melhor caminho a seguir.

Igualmente, é preciso desconfiar daqueles que pregam que segurança pública se restringe a ensinar direitos humanos aos policiais, ou que todo o problema do crime tem raiz em questões econômicas.

A Constituição Federal e as leis devem ser respeitadas por todos, especialmente pelos agentes estatais, que, quando as descumprem, devem ser punidos como qualquer outro criminoso.

É imperioso difundir a ideia (que haveria de ser básica) de que os direitos fundamentais se aplicam a todas as pessoas: vítimas, familiares de vítimas, investigadas, rés, condenadas, sejam culpadas, sejam inocentes.

Um país sério e justo luta por melhores condições de vida para sua população, mas nenhuma sociedade pode prescindir de polícia investigativa treinada, de polícia científica equipada e de policiamento ostensivo armado e preparado, física e mentalmente.

Como já consignado, discordo dos que se apresentam como "linha dura" e sempre pedem endurecimento da lei penal, pois nossa legislação é boa. Entretanto, também discordo dos que dizem que não precisamos de mais polícia, mais equipamentos. Precisamos, sim, pois o crime se equipa o tempo todo, não raras vezes, com o aval dos poderosos. Há muito, este país deixou de ser palco apenas da figura bucólica e romântica do criminoso cantado na música popular brasileira.

Com seus extremismos, os especialistas em segurança pública não têm colaborado para um efetivo enfrentamento de nossos problemas nessa seara.

No atual estado das coisas, neste país, o policial em serviço reza para não acontecer nada no seu horário de trabalho, pois se ele ficar inerte, será atacado; se, por outro lado, revidar, será igualmente massacrado.

Temo que o Brasil tenha alcançado um estágio de letargia, em que as polícias fingem que policiam e a população finge que tem proteção.

Quando alguém um pouco menos orientado por ideologias levanta essa situação, recebe respostas prontas de autoridades que só se preocupam com a manutenção do poder.

A tão festejada Guarda Nacional simplesmente não existe na realidade.

Nesse contexto, de nada adianta unificar as polícias, ou, eventualmente, desmilitarizar as Polícias Militares, bandeira largamente bradada pela intelectualidade. Sem equipamentos, sem especialização, sem treino, sem cultura de análise de dados e, sobretudo, sem respeito, a polícia, separada, ou unida, continuará ineficiente.

Todo o debate que gira em torno da segurança pública está despido de avaliação técnica e recheado de chavões ideológicos e de preocupações corporativistas.

As questões institucionais são relevantes, mas precisamos tomar cuidado para não sermos engolidos pelo bairrismo. Não posso proteger alguém apenas por ser advogado ou por ser professor de Direito. É claro que tendo a entender as dores que esses profissionais sentem, mas se eles agirem contrariamente aos princípios da profissão, não posso passar a mão em suas cabeças.

Por sua importância, o tema segurança pública mereceria um livro inteiro. O intuito, no entanto, é tentar sensibilizar o estudante iniciante, para que não caia nos discursos fáceis, que prevalecem na atualidade.

O Brasil está carente de pessoas que queiram trabalhar esse tema com seriedade, pessoas que não se filiem à ultrapassada ideia de que "bandido bom é bandido morto", mas também não se iludam com a falácia de que é possível enfrentar o crime apenas abraçando árvores.

O direito penal deve ser mínimo, mas há situações em que se revela necessário. Da mesma forma, apesar de ser preferível não precisar de policiais e de armamentos, no atual estágio de desenvolvimento moral e espiritual da humanidade, eles ainda são necessários. Deve-se, portanto, trabalhar para que haja regras claras e preparo suficiente para que os direitos fundamentais sejam respeitados.

Por fim, ainda que seja voz isolada, divido com os leitores o sentimento de que, mais do que as políticas sociais, mais do que as políticas de segurança pública, o grave problema da criminalidade, no Brasil, somente será contornado quando pararmos de endeusar o ilícito.

Se a intelectualidade vive a justificar os crimes de massa (furtos, roubos, latrocínios), tomando-os como instrumento da luta de classes e, por conseguinte, estimulando-os, a população em geral finda sendo muito condescendente com as pessoas ricas e poderosas, mesmo quando sabem que seu dinheiro e poder foram obtidos de maneira pouco ortodoxa.

Já ouvi pessoas instruídas dizerem que, se ocupassem um cargo público, também aproveitariam para se beneficiar, sendo muito comum encontrar indivíduos que vivem a criticar a corrupção, mas, sempre que podem, burlam suas próprias obrigações.

Talvez o melhor caminho para alcançar um pouco mais de segurança seja cultuar a ideia de que a lei vale para todos. Pode parecer óbvio, mas isso está muito distante de nossa realidade, na qual quem tem o poder da caneta, ou do dinheiro, julga-se acima das normas.

40 Não te corromperás

Você, leitor, muito provavelmente estudante de Direito, deve querer trilhar uma carreira jurídica. Seja como magistrado, membro do Ministério Público, delegado de polícia ou advogado, muitas serão as oportunidades que surgirão para te corromper. Ao olhar para o lado, ou para cima, você verá colegas que, apesar de terem cedido, estão muito bem, não raras vezes, materialmente, estão em situação melhor que os demais.

Além desses maus exemplos, por certo surgirão vozes a dizer que esse é o sistema, que você não tem como modificá-lo e, portanto, deve se render a ele. Quando se deparar com referido dilema, lembre-se deste livrinho básico.

Cada sentença vendida enfraquece mais a confiança em todo o Poder Judiciário, desestimula o advogado que estuda para convencer o julgador de suas razões e incentiva as partes a mergulharem na ilegalidade.

Um membro do Ministério Público corrompido faz com que as pessoas se sintam indefesas e fiquem propensas a fazer qualquer coisa para conseguir dinheiro, pois passam a acreditar que somente o dinheiro poderá solucionar eventuais problemas.

Sempre que um policial, visando a uma vantagem econômica, ameaça um inocente com a injusta instauração de inquérito, ou mesmo com prisão, está reforçando o sentimento de que os impostos devem ser sonegados e de que os direitos trabalhistas devem ser frustrados. Pode parecer exagero, mas uma ilegalidade, automaticamente, abre porta para outra.

Quando um advogado paga por uma decisão favorável ao seu constituinte, ou para adequar um laudo pericial às suas necessidades, está estimulando aquele funcionário público a não mais trabalhar apenas pelo seu salário, bem como outros funcionários públicos a se corromperem.

Além dos efeitos deletérios junto aos funcionários públicos, advogados que pagam para obter o que precisam acabam passando para o cliente a falsa noção de que, tendo dinheiro, tudo pode ser resolvido e, daí, institui-se o vale-tudo, com inegável rebaixamento da profissão. É um círculo vicioso.

Cada ato de corrupção reforça o deletério sentimento de que homens honestos, na verdade, são "otários", bem como de que trabalhadores não são inteligentes.

Existe muito preconceito em torno da área penal, mas a corrupção se apresenta em todas as áreas.

E se você, leitor, não for seguir uma carreira estritamente jurídica, se for ocupar, por exemplo, uma função administrativa, sua responsabilidade não é menor.

Toda dificuldade criada para vender uma facilitada fragiliza a confiança nas instituições. Todos ganham com normas claras e objetivas que valem para todos.

Além de não se curvar ao poder do dinheiro, seja pagando, seja recebendo, você, leitor, quando ocupar uma posição, coloque todo o seu amor no exercício de suas atividades.

Como juiz, pense que, muitas vezes, mais que a solução do conflito, as partes querem ser ouvidas. Como membro do Ministério Público, tenha em mente que seu papel é promover Justiça. Como advogado, nunca perca uma oportunidade de retirar seu cliente do caminho do crime. Aliás, o advogado pode ser um grande parceiro na concretização da segurança pública.

Se escolher a carreira policial, tenha em mente que a polícia, em regra, é a instituição estatal com que primeiro o cidadão mantém contato. Passar confiança, portanto, resta essencial.

Trabalhar com Direito não é fácil; trabalhar direito nem sempre é a regra. Desculpas para o desvio não faltarão. Mas uma sociedade mais justa, mais segura, menos violenta, depende dos atos cotidianos de cada um de nós.

É fácil culpar os outros, mas o pior dos crimes é ser condescendente consigo mesmo.

Em outras oportunidades em que escrevi sobre corrupção, procurei alertar o leitor para a necessidade de praticar a alteridade.

Penso que o melhor caminho para solucionar a situação calamitosa em que nos encontramos seria estimular agentes públicos e privados a pensarem nos seres que mais amam, sempre que forem convidados à corrupção, seja pagando, seja recebendo. Explico: o funcionário público que vai receber para, por exemplo, favorecer um investigado, ou acusado, em crime sem violência, deve pensar que, futuramente, um seu colega pode também receber em caso que envolva seu filho como vítima.

Igualmente, um empresário que decide pagar pela emissão de um laudo ou certidão, deverá pensar que o proprietário da escolinha frequentada por sua pequena filha provavelmente achará razoável (e pouco sério) comprar os alvarás necessários ao funcionamento.

Sempre lembro o depoimento de um policial que, depois de apreender um caminhão de drogas, negou-se a receber propina para liberar os envolvidos e a carga. Ele poderia ter ficado rico, mas pensou na filha e em como se sentiria se ela fosse vitimada pelas drogas, ao chegar à adolescência. Pena nenhuma tem maior força que essa reflexão.

Os acidentes existem. Mas não há como deixar de reconhecer que a corrupção está diretamente relacionada aos prédios que desabam, aos estabelecimentos que queimam, às instituições que funcionam sem equipe técnica adequada.

Essas observações não têm finalidade penal, ou seja, não se está advogando que corrompidos e corruptores sejam punidos por homicídios, em uma ginástica interpretativa que coloca em risco o Estado Democrático de Direito. Está-se apenas convidando cada indivíduo a pensar que os escombros e o fogo podem atingir seu pai, seu melhor amigo, ou o amor de sua vida.

Estamos igualmente instando as autoridades a refletirem muito antes de criarem normas impossíveis de serem cumpridas, deixando portas escancaradas ao arbítrio e, por conseguinte, à corrupção. O sujeito que busca agir corretamente e acaba autuado com fulcro em regras risíveis se sente legitimado a jogar a toalha e procurar se dar bem.

Normas claras, feitas realmente para serem observadas, fiscalização séria e alteridade ajudam a prevenir a corrupção e os males que lhe são inerentes. Se nada disso adiantar, entra o Direito Penal, com pena privativa de liberdade...[1]

---

[1] PASCHOAL, Janaina Conceição. "Corrupção mata". *Folha de S. Paulo*, p. 3, 26.12.2013; disponível em: http://www1.folha.uol.com.br/opiniao/2013/12/1389948-janaina-conceicao-paschoal-corrupcao-mata.shtml (acessado em 27.10.2014).

Sempre que estiver desempenhando suas funções, coloque-se no lugar do outro, de preferência, daquele que será prejudicado pelos seus atos. Esse talvez seja o melhor instrumento para garantir que, independentemente de sua atividade, você chegue mais próximo do que seja o justo.

Referências bibliográficas

ALVIM, Rui Carlos Machado. *Uma pequena história das medidas de segurança*. São Paulo, IBCCrim, 1997.

ANGIONI, Francesco. *Contenuto e funzioni del conceto di bene giuridico*. Milão, Giuffrè, 1983.

AQUINO, Santo Tomás. *Escritos políticos de Santo Tomás de Aquino*. Petrópolis, Vozes, 1995.

AZEVEDO, David Teixeira. *Atualidades no direito e processo penal*. São Paulo, Método, 2001.

BARBOSA CASTILLO, Gerardo; GÓMEZ PAVAJEAU, Carlos Arturo. *Bien jurídico y derechos fundamentales*: sobre un concepto de bien jurídico para Colombia. Bogotá, Universidade Externado de Colombia, 1996 (Monografías de Derecho Penal, 12).

BATISTA, Nilo. *Introdução crítica ao direito penal brasileiro*. 4.ed. Rio de Janeiro, Revan, 1999.

BECCARIA, Cesare. *Dos delitos e das penas*. Trad. J. Cretella Jr. e Agnes Cretella. 2.ed. São Paulo, Revista dos Tribunais, 1999.

BETTIOL, Giuseppe. "L'odierno problema del bene giuridico". In: *Rivista Italiana di Diritto e Procedura Penale* (Nuova Serie). Milão, AG, ano II, 1959, p. 705-23.

_____. "Bene giuridico e reato". In: *Rivista Italiana di Diritto Penale*. Milão, Cedam, annata X, v. XVI, 1938, p. 3-18.

BORJA JIMENEZ, Emiliano. "Funcionalismo y acción. Tres ejemplos en las contribuciones de Jakobs, Roxin y Gimbernat". In: *Estudios penales y criminológicos*. XVII. Universidade de Santiago de Compostela, 1994.

BRAGA, Vera Regina de Almeida. *Pena de multa substitutiva no concurso de crimes*. São Paulo, Revista dos Tribunais, 1997.

BRICOLA, Franco. "Teoria generale del reato". In: *Novissimo digesto italiano*. Torino, Unione Tipografico/Editrice Torinese, t. XIX, 1957, p. 7-93.

CARBONELL MATEU, Juan Carlos. *Derecho penal*: concepto y principios constitucionales. 2.ed. Valência, Tirant lo Blanch Alternativa, 1996.

CARVALHO, Márcia Dometila Lima. *Fundamentação constitucional do direito penal*: crimes econômicos, responsabilidade penal das pessoas jurídicas, legalidade, culpabilidade e justiça social. Porto Alegre, Fabris, 1992.

CHAVES CAMARGO, Antonio Luis. *Imputação objetiva e direito penal brasileiro*. São Paulo, Cultural Paulista, 2001.

_____. "Sistema de penas, dogmática jurídico-penal e criminal". São Paulo, 2001. Tese (Titularidade em Direito Penal). Faculdade de Direito, Universidade de São Paulo.

COSTA, Helena Regina Lobo. "Direito penal econômico e direito administrativo sancionador – *ne bis in idem* como medida de política sancionadora integrada". São Paulo, 2013. Tese (Livre-docência em Direito Penal). Faculdade de Direito, Universidade de São Paulo.

CUNHA, Maria da Conceição Ferreira. *Constituição e crime*: uma perspectiva da criminalização e da descriminalização. Porto, Universidade Católica Portuguesa, 1995.

CUNHA, Paulo Ferreira. *A constituição do crime*: da substancial constitucionalidade do direito penal. Coimbra, Coimbra, 1998 (Argumentum, 10).

DIAS, Jorge de Figueiredo. *Questões fundamentais do direito penal revisitadas*. São Paulo, Revista dos Tribunais, 1999.

DÍEZ RIPOLLÉS, José Luis. "La contextualización del bien jurídico protegido en un derecho penal garantista". In: *Ciencias Penales, Revista de la Asociación de Ciencias Penales de Costa Rica*, San José, Colégio de Abogados de Costa Rica e Unicef, ano 10, n. 15, dic. 1998, p. 15-27.

DOLCINI, Emilio; MARINUCCI, Giorgio. *Corso di diritto penale 1*: nozione, struttura e sistematica del reato. Milão, Giuffrè, 1995.

_____. "Constituição e escolha dos bens jurídicos". In: *Revista Portuguesa de Ciência Criminal*. Coimbra, Aequitas/Editorial Notícias, ano 4, fasc. 2, abr.-jun./1994, p. 151-98.

DORADO MONTERO, Pedro. *Bases para un nuevo derecho penal*. Buenos Aires, Depalma, 1973.

DOTTI, René Ariel. *Curso de direito penal*: Parte Geral. Rio de Janeiro, Forense, 2002.

_____. "Sobre a condenação de Tiradentes". In: *Revista Brasileira de Ciências Criminais*, v. 1, f. 1, jan.-mar./1993, p. 131-5.

_____. et al. *Penas restritivas de direitos*: críticas e comentários às penas alternativas, Lei n. 9.714, de 25.11.1998. São Paulo, Revista dos Tribunais, 1999.

DOVAL PAIS, Antonio. *Posibilidades y límites para la formulación de las normas penales*. El caso de las leyes en blanco. Valência, Tirant lo Blanch, 1999.

EAGLEMAN, David. *Incógnito*: as vidas secretas do cérebro. Rio de Janeiro, Rocco, 2010.

FERRAJOLI, Luigi. *Derecho y razón*: teoría del garantismo penal. Trad. Perfecto Andrés Ibáñez, Alfonso Ruiz Miguel, Juan Carlos Bayón Mohino, Juan Terradillos Basoco e Rocío Cantarero Bandrés. Madrid, Trotta, 1998.

FERRARI, Eduardo Reale. "Legislação penal antitruste: direito penal econômico e sua acepção constitucional". In: COSTA, José de Faria; SILVA, Marco Antônio Marques (coord.). *Direito penal especial, processo penal e direitos fundamentais*: visao luso-brasileira. Quartier Latin do Brasil, 2006.

_____. *Medidas de segurança e direito penal no Estado Democrático de Direito*. São Paulo, Revista dos Tribunais, 2001.

FEUERBACH, Paul Johann Anselm. *Tratado de derecho penal*: común vigente en Alemania. Trad. para o espanhol, da 14ª edição alemã, de Eugenio Raúl Zaffaroni e Irma Hagemeier. 2.ed. Buenos Aires, Hamurabi, 1989.

_____. *Anti-Hobbes*: overro il limite del potere supremo e il diritto coattivo dei cittadini contro il sovrano. Trad. Mario A. Cattaneo. Milão, Giuffrè, 1972.

FIORELLA, Antonio. "Reato". In: *Enciclopedia del diritto*. Vol. XXXVIII, Qualif-Reato, Milão, Giuffrè, 1987, p.770-816.

FOUCAULT, Michel. *Vigiar e punir*: história da violência nas prisões. 22.ed. Petrópolis, Vozes, 2000.

FRAGOSO, Heleno Cláudio. *Lições de direito penal*: Parte Geral. 16.ed. Rio de Janeiro, Forense, 2003.

_____. "Objeto do crime". In: FRAGOSO, Heleno Cláudio. *Direito penal e direitos humanos.* Rio de Janeiro, Forense, 1977.

FRANCO, Alberto Silva. *Crimes hediondos*. 4.ed. São Paulo, Revista dos Tribunais, 2000.

_____; STOCO, Rui. *Código Penal e sua interpretação jurisprudencial*: Parte Geral. 6.ed. São Paulo, Revista dos Tribunais, 1997, v. 1, t. I.

GALLO, Marcello. "Le dottrine generali del reato". In: *Prospettive di riforma del codice penale e valori costituzionali*, Milão, Giuffrè, 1996.

GIRALDI, Carmem. "Sulla pretesa tutela del sentimento religioso individuale: in margine alla declaratoria di parziale incostituzionalità dell'art. 404 CP". In: *L'Indice Penale* (Nuova Serie). Verona (s.n.), ano I, n. 3, set.-dez./1998, p.783-814.

GOMES, Luiz Flávio. *Estudos de direito penal e processo penal*. São Paulo, Revista dos Tribunais, 1998.

GOMES FILHO, Antonio Magalhães. *A motivação das decisões penais*. São Paulo, Revista dos Tribunais, 2001.

GÓMEZ DE LA TORRE, Ignácio; ARROYO ZAPATERO, Luis. *Manual de derecho penal*: Parte General I: instrumentos y principios básicos del derecho penal. Barcelona, Praxis, 1994.

HORMAZABÁL MALARÉE, Hernan. *Bien jurídico y Estado Social e Democrático de Derecho*. Barcelona, PPU, 1991.

JAKOBS, Günther. *Sociedad, norma y persona en una teoría de un derecho penal funcional*. Madrid, Civitas, 1996.

JESUS, Damásio Evangelista. *Direito penal*: Parte Geral. 19.ed. São Paulo, Saraiva, 1995, v. 1.

JIMENEZ DE ASUA, Luis. *Derecho penal sovietico*. Buenos Aires, TEA, 1947.

LISZT, Franz von. *Tratado de direito penal alemão*. Trad. da última edição e comentários de José Hygino Duarte Pereira. Rio de Janeiro, F. Briguiet, 1899, t. I.

LOPES, Mauricio Antônio Ribeiro. *Penas restritivas de direitos*: críticas e comentários às penas alternativas, Lei n. 9.714, de 25.11.1998. São Paulo, Revista dos Tribunais, 1999.

_____. "Critérios constitucionais de determinação dos bens jurídicos penalmente relevantes". São Paulo, 1999. Tese (Livre-docência em Direito Penal). Faculdade de Direito, Universidade de São Paulo.

MANTOVANI, Ferrando. "Il principio di offensività nello schema di delega legislativa per un nuovo codice penale". In: *Centro Nazionale di Prevenzione e Difesa Sociale. Prospettive di riforma del Codice Penale e valori costituzionali*. Milão, Giuffrè, 1996.

_____. "Il principio di offensivitá del reato nella costituzione". In: *Aspetti e tendenze del diritto costituzionale*: scritti in onore di Costantino Mortati. Milão, Giuffrè.

MEDINA GUERRERO, Manuel. *La vinculación negativa del legislador a los derechos fundamentales.* Madri, McGraw-Hill, 1996 (Estudios: Ciencias Jurídicas).

NINA RODRIGUES, Raymundo. *As raças humanas e a responsabilidade penal no Brasil*: com um estudo do Prof. Afrânio Peixoto. Guanabara, Guanabara, s.d.

NUVOLONE, Pietro. "La problematica penale della costituzione". In: *Aspetti e tendenze del diritto costituzionale*: scritti in onore di Costantino Mortati. Milão, Giuffrè, s.d.

_____. *Norme penali e principi costituzionali*. Milão, Giuffrè, 1957.

PAGLIARO, Antonio. *Principi di diritto penale*: Parte Generale. 6.ed. Milão, Giuffrè, 1998.

PASCHOAL, Janaina Conceição. "Reflexões acerca do Projeto de Código Penal: PL n. 236/12". *Revista Fórum de Ciências Criminais*, ano 1, n. 1, jan./jun. 2014, p. 29-67.

_____. "Verdadeiras Repúblicas não convivem com dois pesos e duas medidas". In: PASCHOAL, Janaina Conceição; SILVEIRA, Renato de Mello Jorge (coord.). Livro Homenagem a Miguel Reale Júnior. Rio de Janeiro, GZ, 2014, p. 219-35.

_____. "Corrupção mata". *Folha de S. Paulo*, p. 3, 26.12.2013; disponível em: http://www1.folha.uol.com.br/opiniao/2013/12/1389948-janaina-conceicao-paschoal-corrupcao-mata.shtml (acessado em: 27.10.2014).

_____. "Infanticídio indígena: novos velhos discursos". *Revista Criminal*: ensaios sobre a atividade policial, ano 05, v. 14, maio/ago- 2011, p. 57-68.

_____. "Desagravo a Tobias Barreto". *Revista Brasileira de Filosofia*, ano 60, v. 237, jul.-dez. 2011, p. 73-101.

_____. *Ingerência indevida*: os crimes comissivos por omissão e o controle pela punição do não fazer. Porto Alegre, Fabris, 2011.

_____. "O índio, a inimputabilidade e o preconceito". In: VILLARES, Luiz Fernando (coord.). *Direito penal e povos indígenas*. Curitiba, Juruá, 2010, p. 81-91.

_____. *Constituição, criminalização e direito penal mínimo*. São Paulo, Revista dos Tribunais, 2003.

PASCHOAL, Luana. "A conduta social e a personalidade do agente na fixação da pena". São Paulo, 2014. Dissertação (Mestrado em Direito). Faculdade de Direito, Universidade de São Paulo.

PASCHOAL, Nohara. "Crime tributário: a não apresentação de documentos fiscais e a necessidade de preservar a diferenciada dignidade da esfera penal". SILVEIRA, Renato de Mello Jorge; RASSI, João Daniel (orgs.). *Estudos em homenagem a Vicente Greco Filho*. São Paulo, LiberArs (no prelo).

_____. "O estupro: uma perspectiva vitimológica". São Paulo, 2014. Dissertação (Mestrado em Direito). Faculdade de Direito, Universidade de São Paulo.

PEREIRA, Júlio A. C. *Comentário à lei penal chinesa*. Macau, Livros do Oriente, 1996.

POLAINO NAVARRETE, Miguel. *El bien jurídico en el derecho penal*. Sevilha, Universidade de Sevilha, 1974.

PRADO, Luiz Regis. *Curso de direito penal brasileiro*: Parte Geral. 12.ed. São Paulo, Revista dos Tribunais, 2013, v. 1.

_____. *Curso de direito penal brasileiro*: Parte Geral. 3.ed. São Paulo, Revista dos Tribunais, 2002, v. 1.

_____. *Bem jurídico-penal e Constituição*. São Paulo, Revista dos Tribunais, 1996.

QUEIROZ, Paulo de Souza. *Funções do Direito Penal*: legitimação *versus* deslegitimação do sistema penal. Belo Horizonte, Del Rey, 2001.

_____. *Do caráter subsidiário do direito penal*. Belo Horizonte, Del Rey, 1998.

RAÚL ZAFFARONI, Eugenio. *Em busca das penas perdidas*: a perda de legitimidade do sistema penal. Trad. Vânia Romano Pedrosa e Amir Lopes da Conceição. 2.ed. Rio de Janeiro, Revan, 1996.

_____; PIERANGELI, José Enrique. *Manual de direito penal brasileiro*: Parte Geral. 2.ed. São Paulo, Revista dos Tribunais, 1999.

REALE, Miguel. "Preliminares ao estudo da estrutura do delito". *Revista da Faculdade de Direito*. São Paulo, Universidade de São Paulo, v. LXIII, 1968, p. 152-68.

REALE JÚNIOR, Miguel. "Ilícito administrativo e o *jus puniendi* geral". In: PRADO, Luiz Regis (coord.). *Direito penal contemporâneo*: estudos em homenagem ao Professor José Cerezo Mir, São Paulo, Revista dos Tribunais, 2007.

_____. *Instituições de direito penal*: Parte Geral. Rio de Janeiro, Forense, 2003, v. 2.

_____. *Instituições de direito penal*: Parte Geral. Rio de Janeiro, Forense, 2002, v. 1.

_____. *Teoria do delito*. São Paulo, Revista dos Tribunais, 1998.

_____. *Antijuridicidade concreta*. São Paulo, José Bushatsky, 1973.

ROMAGNOSI, Giandomenico. *Génesis del derecho penal*. Trad. Carmelo Gonzáles Cortina e Jorge Guerrero. Buenos Aires, Temis, 1956.

ROSA, Alexandre Morais. *Introdução crítica ao ato infracional*: princípios e garantias constitucionais. Rio de Janeiro, Lumen Juris, 2007.

ROXIN, Claus. *Derecho penal*: Parte General. Trad. da 2.ed. alemã de Diego-Manuel Luzón Peña, Miguel Diaz y Garcia Conlledo e Javier de Vicente Remesal. Madrid, Civitas, 1999, t. I.

RUSCONI, Maximiliano Adolfo. *La justificación en el derecho penal*: algunos problemas actuales. Buenos Aires, Ad-Hoc, 1996.

SCHWARCZ, Lilia Moritz. *O espetáculo das raças*: cientistas, instituições e questão racial no Brasil – 1870-1930. São Paulo, Companhia das Letras, 2000.

SHECAIRA, Sérgio Salomão. *Sistema de garantias e o direito penal juvenil*. São Paulo, Revista dos Tribunais, 2008.

_____; CORREA JR., Alceu. *Pena e Constituição*: aspectos relevantes para sua aplicação e execução. São Paulo, Revista dos Tribunais, 1995.

SILVA, Eduardo Araujo. *Ação penal pública*: princípio da oportunidade regrada: aplicação nos Juizados Especiais Criminais, doutrina e jurisprudência. São Paulo, Atlas, 1999.

SILVEIRA, Renato de Mello Jorge. *Fundamentos da adequação social em direito penal*. São Paulo, Quartier Latin, 2010.

SPOSATO, Karyna Batista. *O direito penal juvenil*. São Paulo, Revista dos Tribunais, 2006.

STOCO, Tatiana de Oliveira. "A personalidade do agente na fixação da pena". São Paulo, 2013. Dissertação (Mestrado em Direito). Faculdade de Direito, Universidade de São Paulo.

SUANNES, Adauto. *Os fundamentos éticos do devido processo penal*. São Paulo, Revista dos Tribunais, 1999.

TAVARES, Juarez. *Teoria do injusto penal*. Belo Horizonte, Del Rey, 2000.

TOLEDO, Francisco de Assis. *Princípios básicos de direito penal*. 4.ed. São Paulo, Saraiva, 1991.

VICO MAÑAS, Carlos. *O princípio da insignificância como excludente da tipicidade no direito penal*. São Paulo, Saraiva, 1994.

WAISELFISZ, Julio Jacobo. *Mapa da violência III*: os jovens do Brasil. Juventude, violência e cidadania. Brasília, Unesco, 2002.

WELZEL, Hans. *O novo sistema jurídico-penal*: uma introdução à doutrina finalista. Trad. Luiz Regis Prado. São Paulo, Revista dos Tribunais, 2001.

ZAFFARONI, Eugenio Raúl; PIERANGELI, José Henrique. *Manual de direito penal brasileiro*: Parte Geral. 2.ed. São Paulo, Revista dos Tribunais, 1999.

Índice alfabético-remissivo

A

Ação penal 18, 31, 124, 142, 157, 158, 159, 160, 161, 162, 163, 164, 165, 168, 171, 172, 183, 188, 189
  condicionada à representação 157, 158, 164, 165
  privada 157, 159, 160, 163, 165
    subsidiária da pública 160
  pública incondicionada 157, 158, 160, 161
Agravantes 82, 122, 123, 126, 128
Agressão 35, 36, 100
Analogia 15, 16
Anistia 163, 164
Anterioridade 14, 15, 16, 18
Antijuridicidade 29, 30, 34, 35, 37, 39, 71, 166
  ausência de 166
Aplicação da pena 96, 97, 106, 115, 122, 129, 163, 172, 189
Arrependimento 27, 59, 60, 84
  eficaz 59, 60
  posterior 60
Ascendente 76, 158, 159
Atenuantes 122, 123, 126, 128
Autoria mediata 82, 83, 84

B

Bem jurídico penal 1, 3, 5, 6, 8, 10, 12, 179

C

Coação ilegal 37, 47, 53
Coautoria 73, 74, 76, 77, 80, 81, 83
Cominação 14, 18, 97
Concurso de crimes 129, 133, 171
  crime continuado 129, 130, 131, 132, 133, 171
  formal 129, 134, 135, 171
  material 129, 130, 133, 171
Concurso de pessoas 73, 76, 79, 81, 82
  participação 83, 186
Conduta 16, 18, 19, 28, 32, 33, 34, 35, 37, 39, 40, 45, 54, 58, 62, 67, 70, 71, 73, 75, 77, 81, 82, 83, 89, 97, 98, 101, 106, 109, 122, 123, 124, 132, 135, 136, 151, 152, 164, 166, 188, 189
Cônjuge 51, 72, 158, 159, 165
Constituição Federal 1, 2, 8, 9, 10, 14, 16, 18, 19, 44, 46, 93, 95, 97, 98, 101, 102, 108, 112, 125,

156, 157, 160, 163, 164, 190, 194
Crime 6, 9, 12, 14, 15, 18, 19, 23, 24, 25, 27, 28, 29, 32, 33, 37, 38, 40, 43, 45, 47, 48, 49, 50, 51, 54, 55, 56, 57, 58, 59, 61, 62, 64, 66, 67, 68, 69, 70, 71, 72, 73, 74, 75, 76, 77, 79, 80, 84, 85, 89, 90, 92, 94, 100, 101, 104, 105, 106, 109, 110, 111, 112, 114, 118, 120, 123, 125, 126, 127, 128, 129, 130, 131, 132, 133, 134, 135, 136, 138, 139, 141, 142, 143, 144, 145, 146, 147, 149, 150, 151, 158, 159, 160, 161, 162, 163, 164, 165, 166, 167, 168, 169, 170, 171, 172, 178, 179, 180, 189, 191, 193, 194, 195, 197, 198
  consumado 57, 58, 171
  culposo 61, 62, 64
  de perigo abstrato 12, 183
  de perigo concreto 12
  doloso 27, 30, 33, 36, 61, 82, 104, 110, 136, 138, 141
  elementos objetivos 32, 33, 39
  hediondo 104, 141
  impossível 58
  permanente 171
  qualificado pelo resultado 64
  tentado 57
Culpa 29, 30, 32, 33, 34, 39, 186
Culpabilidade 15, 29, 30, 39, 40, 42, 70, 73, 74, 75, 77, 80, 81, 85, 89, 96, 106, 109, 120, 123, 132, 136, 151, 188, 190
  ausência de 40

D

Decadência 158, 163, 164
Descriminantes putativas 70
Desistência voluntária 59, 60
Detração 107

Dever legal 34, 35, 37, 38, 67, 71
  estrito cumprimento do 34, 35, 37, 38, 71
Direito administrativo sancionador 176, 177, 178
Direito penal de autor 29, 40, 58, 95, 96, 141
Direito penal do fato 95
Direito penal mínimo 11, 14, 17, 180, 184
Dolo 29, 30, 32, 34, 39, 56, 61, 62, 64, 65, 66, 71, 183, 186
  direto 61, 65, 186
  eventual 61, 62, 65, 186

E

Efeitos da condenação 149
Elementos do tipo 66, 67
Embriaguez 48, 49
  culposa 48, 49
  voluntária 48, 49
Erro 33, 45, 50, 57, 66, 67, 68, 69, 70, 71, 72, 96, 99, 134, 135, 166, 184
  aberratio ictus 135
  de proibição 67, 68, 72
  determinado por terceiro 72
  de tipo 66, 70, 71
  judiciário 99
  mediante fraude 33
  na execução 134
  plenamente justificado 70
  quanto à ilicitude do fato 50, 67, 68, 69, 70
  sobre a pessoa 72
  teoria do 72
Estado Democrático de Direito 2, 10, 11, 13, 14, 15, 16, 29, 33, 58, 65, 88, 95, 98, 151, 153, 156, 198
Estado de necessidade 34, 35, 36, 39, 40, 45, 71
Excesso 36, 37

culposo 36
doloso 36
Exercício regular do Direito 37
Extinção da punibilidade 21, 60, 155, 162, 164, 165, 166, 167, 168, 169, 171
abolitio criminis 164
Extraterritorialidade 24, 25

F

Função preventiva 89, 91
  especial negativa 91
  especial positiva 92
  geral negativa 90
  geral positiva 90, 91
Função retributiva 89

G

Graça 163, 164

H

Homicídio 30, 32, 43, 44, 49, 53, 55, 57, 58, 60, 66, 72, 79, 81, 104, 114, 127, 128, 134, 154, 157, 160, 165
Humanidade da pena 98, 100

I

Ilicitude 43, 44, 49, 50, 67, 68, 69, 70, 71, 72, 177, 190
Imperícia 62
Imprudência 62, 63, 64
Imputabilidade 42, 43, 48, 50, 69, 150, 190
Individualização da pena 95, 96, 97, 98, 106, 107, 122, 140
Indulto 163, 164
Inexigibilidade de conduta diversa 39, 40, 166
Inimputabilidade 42
Integridade física 3, 35, 36, 100, 147
Intervenção mínima 11, 12
Irretroatividade 18, 19, 20

J

Jurisdição 23, 48, 128

L

Legislação especial 49, 172, 185
Legítima defesa 34, 35, 36, 45, 71
Lei 14, 16, 17, 18, 19, 22, 23, 24, 25, 45, 46, 55, 66, 71, 75, 91, 166, 187, 188, 193, 194, 195
  anterior 14, 15, 18
  brasileira 25
  estrangeira 24
  incriminadora 16
  intermediária 19
  mais favorável 25
  mais favorável ao imputado 22
  penal 16, 18, 19, 23, 188, 194
  penal brasileira 23, 25
Livramento condicional 140, 141, 142, 143, 149, 172
Lugar do crime 23

M

Maioridade penal 170
Medida de segurança 29, 43, 44, 49, 150, 151, 152, 153, 154, 155, 162
Menoridade 44
Mensalão 78
Multas 100, 178

N

Nexo de causalidade 53, 65, 81

O

Obediência 91
Omissão 23, 40, 43, 49, 51, 54, 55, 56, 129, 130, 131, 150, 184, 186
  de socorro 55, 186
  dolosa 130
Omissão 54

P

Paixão 48
Participação 73, 74, 75, 76, 77, 80, 81, 82, 83, 103, 186
Pena cumprida no exterior 24
Penas 74, 88, 91, 92, 95, 98, 100, 101, 103, 105, 109, 110, 113, 114, 116, 117, 118, 119, 122, 129, 130, 133, 136, 137, 142, 146, 149, 154, 169, 171, 190, 192
  alternativas 100
  aplicação das 88
  cruéis 100, 101
  de caráter perpétuo 100
  de cumprimento instantâneo 113
  de detenção 62, 103, 104, 105, 106, 116, 144, 145, 152
  de morte 100
  de multa 100, 119
  de perda de bens 100
  de prestação social 100
  de privação ou restrição da liberdade 100
  de reclusão 103, 104, 107, 117, 120, 127, 146, 151, 152, 169, 170
  de suspensão ou interdição de direitos 100
  de trabalhos forçados 100
  individualização das 98
  privativas de liberdade 87, 100, 103, 105, 109, 110, 113, 119, 129, 136, 137, 169
    aberto 105
    fechado 105
    semiaberto 105
  restritivas de direitos 87, 100, 103, 109, 110, 112, 113, 114, 116, 117, 118, 119, 122, 136, 137, 169, 188, 189
    interdição temporária de direitos 109, 110, 114
    limitação de fim de semana 109
    perda de bens ou valores 109, 112, 146
    prestação de serviços à comunidade ou entidades públicas 109
    prestação pecuniária 109, 110, 111, 113, 117
    suspensão condicional 21, 111, 136, 137, 172, 189
Perda de bens 100, 109, 112, 117, 146, 188
Perdão 159, 160, 163, 165, 166, 167
  do ofendido 159
  judicial 163, 165, 166, 167
  tácito 159
Perempção 163, 165
Pessoalidade da pena 101, 163
Prazo 20, 21, 22, 46, 47, 48, 116, 139, 141, 149, 152, 153, 154, 155, 158, 159, 160, 165, 169, 170, 171, 172, 173, 174, 180, 189, 190
  decadencial 159
  de internação 46, 47, 48, 153
  de validade 180
  legal 160
  prescricional 22, 169, 170, 171, 172, 173, 174
Prescrição 153, 155, 163, 168, 169, 171, 172, 173, 174, 189
Presidente da República 25, 163, 164
Prestação pecuniária 109, 110, 111, 113, 117
Princípio da legalidade 14, 15, 16, 18, 33
Prisão provisória 107
Proporcionalidade da pena 98
Punibilidade 21, 25, 60, 87, 155, 162, 163, 164, 165, 166, 167, 168, 169, 171

Q

Queixa 60, 158, 159, 160, 163, 164, 165, 172, 173

R

Reabilitação 148, 149, 153

Relação de causalidade 52, 54
Renúncia 159, 163, 165
Responsabilidade penal subjetiva 101
Retratação 163, 165
Retratação do agente 163
Retroatividade 19, 20, 163

S

Segurança pública 49, 50, 101, 108, 117, 175, 186, 191, 192, 193, 194, 195, 197
Semi-imputabilidade 42, 43, 150
Sociedade do risco 175, 182, 184, 185
Superveniência 51
Sursis 136, 137, 138, 139, 141, 149

T

Taxatividade 14, 15, 16
Tempo do crime 170
Tentativa 2, 12, 57, 60, 171
Territorialidade 24
Tipicidade 12, 29, 30, 32, 33, 34, 35, 37, 39, 66, 77, 82
Tipo penal 12, 16, 32, 33, 34, 54, 61, 67, 104, 122, 157

U

Ubiquidade 23